九州文库

中国政府采购
制度绩效研究
（2003—2013）

张 峰 著

九州出版社
JIUZHOUPRESS

图书在版编目（CIP）数据

中国政府采购制度绩效研究：2003-2013／张峰著
. --北京：九州出版社，2021.11
ISBN 978-7-5225-0690-6

Ⅰ.①中… Ⅱ.①张… Ⅲ.①政府采购制度—研究—中国—2003-2013 Ⅳ.①F812.2

中国版本图书馆 CIP 数据核字（2021）第 236829 号

中国政府采购制度绩效研究：2003-2013

作　　者	张　峰　著	
责任编辑	云岩涛	
出版发行	九州出版社	
地　　址	北京市西城区阜外大街甲 35 号（100037）	
发行电话	（010）68992190/3/5/6	
网　　址	www.jiuzhoupress.com	
印　　刷	唐山才智印刷有限公司	
开　　本	710 毫米×1000 毫米　16 开	
印　　张	15	
字　　数	205 千字	
版　　次	2022 年 1 月第 1 版	
印　　次	2022 年 1 月第 1 次印刷	
书　　号	ISBN 978-7-5225-0690-6	
定　　价	95.00 元	

前　言

　　政府采购制度是公认的最为合理的公共财政支出制度，也是我国财政管理领域四项重大改革之一，2003 年《中华人民共和国政府采购法》颁布，2003—2013 年我国开展了现代政府采购制度的积极探索，使得政府采购目标实现过程得到了较好的规范，财政资金使用效率有了一定的提升，政府采购领域寻租空间也被进一步压缩，政府采购制度绩效也初步体现。然而，我国对现代政府采购制度的探索仅仅十几年时间，在制度设计以及制度执行等领域依然存有一些问题，特别是政府采购制度推行以来，我国政府采购制度中存在的绩效和预防寻租目标不协调问题未得到理论界的研究重视，导致政府采购制度中的绩效与预防寻租不协调因缺乏理论上的指导而未能有效解决，现有的一些措施也是治标不治本，没有把握问题的核心。因此，本书紧紧围绕政府采购制度绩效与预防寻租问题这一主线，通过对政府采购制度运行中存在绩效和寻租的问题进行分析，并结合计量分析方法对部分省、市和部门的政府采购绩效与寻租问题进行实证研究，得出我国政府采购制度绩效偏低和个别寻租现象与政府采购预期目标存在一些差异的结论。在此基础上分析我国政府采购制度提高绩效与预防个别寻租问题目标不协调的原因，并为解决政府采购制度提高绩效与预防个别寻租问题提供一些参考建议。

　　我国政府采购制度功能具有多维性，提高政府采购绩效和预防寻租是政府采购制度的基本目标。政府采购制度在理论上也具有提高绩效和预防寻租的优势，然而在实际运行中，政府采购仍然存在绩效偏低和个别寻租问题并存的现象，这些问题并未因政府采购制度的推进和政府采购方式的推广而明显缓解和消除。我国政府采购制度还没有完全实现提高绩效和预防寻租的基本目标，主要有两个方面的原因：一是政府采购制度被赋予过多功能，导致制度不能充分发挥其应有作用，甚至会带来一些副作用；二是我国市场经济不完善，市场化滞后与政府采购发展不适应，政府与市场边界模糊，个别政府官员权力凌驾于制度之上，政府采购制度在执行中被"软化"，甚至在权力的支配下被"扭曲"，导致政府采购制度预防寻租的功能没有得到充分的发挥，反而在个别寻租问题的影响下出现政府采购制度绩效偏低的情况。因此，分析我国政府采购绩效与寻租的现状，探究政府采购制度提高绩效与预防寻租目标不协调的原因，以及如何提高政府采购制度绩效和预防寻租显得更为重要和紧迫。

　　概念的界定是全书分析的基础和前提。在书中，著者首先界定了政府采购与政府采购制度的概念，重点阐释了本书研究的核心主题为政府采购制度绩效和政府采购寻租内涵。政府采购制度绩效是指在政府采购制度实施以后，政府采购实现节资防腐与政策功能目标的情况和效果。根据政府采购制度功能不同层面的表现形式，将政府采购制度绩效划分为微观经济绩效、宏观（经济）调控绩效、政策功能绩效。政府采购寻租是指在采购过程中，政府采购各参与方为了追求自身的利益，不惜损害社会公众利益，滥用职权或歪曲运用规则，通过主体双方的密切配合甚至合谋，实现金钱和权力交易的行为。政府采购制度中所指的寻租是政府采购制度的预防寻租目标，与政府采购制度提高绩效目标相对应。著者在搜集相关资料的基础上，对政府采购目标和原则以及取得的成就进行描述性分析，并对国内外政府采购制度变迁进行回顾。通过对政府采购概况的分析，著者认为随着我国政府采购规模和范围不断扩大，政府采购制度也应该逐步完善。同时，著者对经济学相关理论进行回顾，特别是针对交易费用理论、寻租理论、博弈论、委托代理、制度预防寻租论等理论进行系统的梳和评述，旨在为后文的实证、问题、原因及对策分析奠定基础。

实证分析过程是本书的核心内容。著者首先对我国政府采购制度绩效优势进行理论分析。接着，对政府采购制度在运行中存在的绩效偏低问题进行描述性分析，得出政府采购制度绩效在理论上和实践中存在较大差异的结论。为进一步验证我国政府采购制度绩效偏低的问题，著者借助软件 MYDEA 对 2003—2012 年我国 30 个省、市、自治区政府采购绩效进行超效率 DEA 分析。我们发现，我国政府采购制度绩效总体上是偏低的，东部区域政府采购是相对有绩效的，中部区域和西部区域处于无绩效的状态。此外，我们进一步分析得出人口受教育水平、网上采购率、预算编制率、采购政策效率和市场化程度这五个变量影响政府采购绩效。

随后，本书对政府采购制度在预防寻租方面进行分析。首先是对我国政府采购制度理论上预防寻租优势进行分析。接着，对政府采购在运行中存在个别寻租情况进行描述性分析，分析结果表明政府采购制度未能充分发挥预防寻租的功能。由于政府采购个别寻租问题是一种隐秘行为，不易直接观察和度量，因此，为进一步检验我国政府采购个别寻租问题，著者建立了一个结构方程模型来度量潜在变量（寻租）与可观测变量（寻租的成因及后果）之间的关系，并采用一个特殊的结构方程模型——多指标多因素模型（MIM-

IC）来度量政府采购寻租程度。我们发现：2004—2012 年全国政府采购寻租指数虽然不低，但是却呈现逐年缓慢下降的趋势。东部地区政府采购寻租指数最低，东部和中部地区政府采购寻租指数均低于全国政府采购平均寻租水平，而西部地区政府采购寻租指数较高，远高于全国政府采购平均寻租水平。此外，还发现政府权力过大、政府采购支出规模、采购制度执行力度、公民受教育状况、采购人员相对工资、企业市场化水平等也是影响政府采购寻租的主要因素。

在明确我国政府采购制度中的绩效和个别寻租问题后，著者对政府采购制度提高绩效和预防寻租目标相冲突的原因进行探讨，提出当前我国政府采购存在绩效和个别寻租双重问题，并运用计量模型检验政府采购制度提高绩效与预防寻租相冲突的问题。首先，著者构建了一个固定效应模型客观的衡量政府采购绩效对政府采购寻租影响的指标体系，对影响政府采购寻租程度的绩效进行分析，估算它们对政府采购寻租的影响程度。验证结果表明政府采购制度绩效对预防寻租作用不明显。其次，著者构建三个模型分别从微观经济绩效、宏观调控绩效和政策功能绩效三个方面验证个别寻租对政府采购制度绩效的影响。三个方面实证结果表明政府采购个别寻租问题导致政府采购制度绩效偏低。同时，著者结合实地调研案例来演示当前我国政府采购制度提高绩效与预防寻租目标不协调的问题，以及个别寻租问题对政府采购绩效的影响，案例验证了模型的结论，进一步证实采购制度提高绩效与预防寻租目标不协调的问题，也表明了个别寻租问题影响政府采购制度绩效。

最后，著者按照既定的研究思路综合运用实证分析、规范分析得出了主要研究结论：一是政府采购制度提高绩效与预防寻租目标不协调问题日益凸显，二是发挥政府采购制度绩效与预防寻租功能应当综合权衡、合理取舍。当前，我国应将提高政府采购制度绩效作为主要目标，把预防寻租的功能与其他预防寻租制度结合起来。接着，著者从提高绩效、预防寻租以及个别寻租对绩效影响多个视角来提出提高政府采购制度绩效与预防寻租的政策建议。主要包括遵循市场经济规律，规范并合理控制政府采购规模；协调政府采购制度目标定位，提高政府采购绩效；加强对政府采购监督管理，严惩寻租行为；推行电子化政府采购提高绩效与遏制寻租四个方面。

本书主要创新点有：第一，提出了新的研究视角。一是著者提出我国政府采购制度存在绩效偏低与个别寻租现象并存的问题；二是将政府采购绩效划分微观经济绩效、宏观调控（经济）绩效和政策功能绩效三个层次，并将三个层次绩效与个别寻租问题进行研究。第二，拓宽了对政府采购的研究方法。本书在对政府采购绩效和个别寻租存在的现象和案例分析的基础上，结合计量分析方法对部分省、市和部门的政府采购制度绩效与预防寻租问题进行实证研究。第三，本书提出对政府采购的个人认识和新的观点。一是提出了政府采购制度提高绩效与预防寻租目标相冲突的观点；二是认为我国政府采购制度被赋予的功能过多，市场经济不完善以及个别领导权力凌驾于制度之上是导致我国政府采购绩效偏低和个别寻租问题存在的根本原因；三是提出发挥政府采购制度绩效和预防寻租功能应当综合权衡、合理取舍。当前，我国应将提高政府采购制度绩效作为主要目标，把预防寻租的功能与其他预防寻租制度相结合。第四，较为系统地提出了提高政府采购制度绩效与预防个别寻租问题的政策建议。

目 录
CONTENTS

导　论

第一节　选题的背景及意义

西方发达国家政府采购已有 200 多年的历史，与西方发达国家相比，我国政府采购制度建立较晚。作为后起之秀，我国政府采购制度发展较为迅速，短短数十年的时间已初步建立了基本的政府采购制度体系。以在上海试点运行政府采购为开端，从 1996 年至 2003 年，经历了开始试点工作、逐步扩大与推广的过程，最终于 2003 年 1 月 1 日正式实施《政府采购法》，自此，我国政府采购进入了全新时期，现代政府采购活动逐步规范，并以法律为运行保障机制。政府采购条例的颁布和实施对于全面提高政府采购绩效，更好地贯彻落实党的十八大精神和中央的反腐倡廉措施，具有重要的现实意义和历史意义。政府采购制度是目前国家公共支出管理的一项重要制度，其采购规模大、范围广，对各国的经济发展具有很大影响，成为各国执行政府预算、加强支出管理和实施宏观调控的一个行之有效的政策工具，政府采购的功能也由最早的单一目标发展为多重目标。因此，建立和完善政府采购制度是我国公共财政支出体制改革的重要内容，同时也是完善我国市场经济体制、加强政府宏观调控能力和建立廉洁政府的需要。所以，政府采购制度的发展与完善是一个值得研究的课题。

现代政府采购制度在我国实施已取得较好的效果，政府采购领域的寻租现象得到一定程度的遏制，财政资金的使用绩效得到了一定的提高，政府采购的社会效益日益显现。2003 年我国政府采购金额 1659 亿元，到 2013 年已达 16381 亿元，占财政支出的比重由 2003 年的 6.7% 提高到 11.7%，占 GDP 的比重也由 1.4% 上升到 2.9%。从 2003 到 2013 年，每年的资金节约率都超过 10%，累计为国家节约资金 8000 多亿元。同时，我国政府采购的制度不断完善，采购的规模和范围不断扩大，政府采购越来越得到重视。

我国政府采购制度的建立和发展时期，也是我国经济体制转轨时期，作为公共财政体制建设的一个重要组成部分，政府采购制度在建设之初就肩负着多重使命，其制度功能也同样表现出多个维度。提高政府采购绩效和预防采购寻租是政府采购制度的主要功能和基本目标，经济效率原则和公正廉洁原则是我国政府采购的重要指导原则。然而，政府采购制度在实际运行过程中理论与实践差异较大，效果不明显：具体表现在政府采购制度的原则与目标或者流于形式，或者在执行过程中"软化"和"变形"，或者无法实施。而这些现象从根本上导致政府采购制度的优势不能有效发挥，采购成本居高不下，政府采购制度绩效不高，存在商业贿赂隐患和采购企业竞争力下降等问题。

我国政府采购制度没有实现提高绩效和预防寻租的目标，主要有两个方面的原因：一是政府采购制度被赋予过多功能，导致制度不能及时有效发挥作用，甚至会带来很大的副作用；二是我国市场经济不完善和市场化滞后，与政府采购发展不适应，政府与市场界限模糊，个别政府官员权力凌驾于制度之上，使政府采购制度未能有效地发挥遏制寻租作用，反而在寻租的影响下出现政府采购制度绩效较低的情况。因此，分析我国政府采购制度中的绩效和寻租的现状，探究政府采购制度提高绩效与预防寻租矛盾冲突的原因，以及如何提高政府采购制度中的绩效和预防寻租力度，都亟待理论上的指导。在相关理论研究方面，国内有关政府采购制度绩效和寻租问题的研究较多，但是将两者结合起来的研究较少，特别是政府采购制度中的提高绩效和预防寻租目标冲突问题的研究国内少之又少，就是在国外这方面的系统论述也较为罕见。而这些研究大多是较为广泛的探讨或者是从某一方面、某一点上去论述，缺乏理论上的系统性和深入性。因此，本书围绕绩效与寻租问题的主线，从经济学分析入手，借鉴寻租理论、博弈理论、委托代理理论、制度反腐论等最新的研究成果和工具，通过采用定量的模型分析并结合工作实际案例研究，尝试较为全面地研究政府采购制度中的绩效和寻租问题。

政府采购作为连接社会生产、流通和消费的核心环节和关键职能，是市场经济的重要组成部分，在国民经济的转型发展中发挥着至关重要的作用。我国政府采购制度的目标就是要不断加强政府采购的透明程度，促进市场的公平竞争，杜绝寻租现象的滋生蔓延，节约政府的财政资金，实现政府资源的优化配置，从而维护纳税人的根本利益，增强政府公信力。然而，我国政府采购制度在实际运行中绩效不高的问题仍很突出，寻租问题也没有得到有效的遏制，政府的公信力也未有明显的提高。这些问题严重制约了政府采购制度作用的发挥并且扭曲了资源的配置，影响了政府采购的形象和声誉，甚至对社会的稳定也产生了严重影响。未来我国政府采购力度亟待扩大，深入研究政府采购制度中的提高绩效和预防寻租的矛盾冲突问题，以及如何解决政府采购制度绩效偏低和寻租问题，是我们必须面临的课题。因此，利用经济学相关理论分析政府采购制度中的绩效和寻租问题的原因，并根据分析的原因提出相应的解决对策，在此基础上不断完善政府采购制度的相关设计，对进一步推动我国政府采购制度改革和国民经济健康发展具有十分重要的意义。从这个意义上说，以经济学相关理论分析我国政府采购制度中的绩效与寻租问题具有十分重要的实践价值和广阔的应用前景。

第二节　研究目标、技术路线与主要内容

一、研究目标

本书的研究目标是，在理论研究与实证研究的基础上，拟解决以下几个问题：

（一）政府采购制度在实际运行中存在政府采购制度绩效偏低和寻租现象并存的问题，这些问题主要表现在哪些方面？政府采购制度绩效偏低和寻租的程度如何？影响政府采购制度绩效偏低与寻租的因素有哪些？通过理论与实证相结合，利用超效率 DEA 分析政府采购制度绩效，以期合理反映政府采购制度绩效偏低程度，并分析影响政府采购绩效的因素；利用特殊的结构方程模型——多指标多因素模型（MIMIC）来度量政府采购寻租规模以及政府采购寻租程度，并分析影响政府采购寻租的因素。

（二）我国政府采购制度存在提高绩效与预防寻租相冲突问题的主要原因是什么？主要表现在哪些方面？通过对政府采购制度提高绩效和预防寻租目标矛盾冲突原因及表现的分析，提出当前我国政府采购存在绩效偏低和寻租现象并存的问题。著者通过构建一个固定效应模型客观地衡量政府采购绩效对政府采购寻租影响程度；通过构建三个模型分别从微观经济绩效、宏观调控绩效和政策功能绩效三个方面验证寻租对政府采购制度绩效的影响；并结合实地调研案例来演示当前我国政府采购制度提高绩效与预防寻租冲突问题，以及寻租对政府采购绩效影响。

（三）探究我国政府采购制度提高绩效与预防寻租目标冲突的措施。基于研究结论从提高绩效、预防寻租以及寻租对绩效影响多个视角来提出具有针对性和可操作性的对策建议，以期为提高政府采购制度绩效与预防寻租问题提供稳健参考价值。

二、研究技术路线图

为阐述著者的研究思路，便于更为直观地展示我国政府采购制度绩效偏低与寻租现象的研究，下面拟通过技术路线图来展示本书的研究视角、技术方法和研究路径以及最后得出的研究结论。著者研究本书的思路与技术路线如下图 0 - 1 所示：

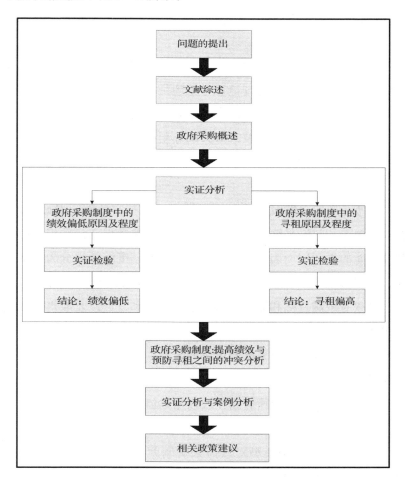

图 0 - 1　本书技术路线图

三、主要内容

基于上述思路与技术路线图，本书具体的章节安排将按照这一研究思路逐步展开，详细结构安排是：

导论。首先阐述了选题的背景以及选题的理论与实践意义，提出了研究的基本思路，包括研究目标、研究技术路线、研究主要内容和研究方法，总结了研究的创新之处，并指明了未来可能进一步研究的方向。

第一章为文献综述。首先阐述了与本选题相关的经济理论基础，包括交易费用理论、委托代理理论、寻租理论、博弈理论和制度反腐理论等，分别回顾并梳理了国内外政府采购规模、政府采购模式、政府采购政策功能、政府采购绩效以及政府采购寻租的研究成果，并做出了简要评述与研究展望。旨在为后文政府采购制度绩效与寻租问题的研究奠定基础。

第二章是政府采购概况。主要包括理论界和实务部门对政府采购、政府采购绩效和政府采购寻租的不同认识以及概念界定，并根据政府采购制度功能的不同层面表现形式，将政府采购制度绩效划分为微观经济绩效、宏观（经济）调控绩效和政策功能绩效。在搜集相关资料的基础上，对政府采购目标和原则、政府采购建立和发展以及取得的成就进行描述性分析。

第三章是对我国政府采购制度绩效分析。该章节首先对政府采购制度绩效优势进行理论分析，接着对我国政府采购制度在运行中存在的绩效偏低问题进行描述性分析，得出政府采购制度绩效在理论上和实践中存在较大差异。为进一步验证我国政府采购制度绩效偏低的问题，著者运用 DEA 法中的超效率模型对政府采购制度绩效进行测算，通过测算发现，我国政府采购制度绩效总体上是偏低的。

第四章是对我国政府采购制度在预防寻租方面进行分析。首先是对政府采购制度理论上预防寻租优势进行分析。接着，著者对政府采购在运行中存在的寻租现象进行描述性分析，分析结果表明政府采购制度未能有效发挥预防寻租的功能，并利用特殊的结构方程模型——多指标多因素模型（MIMIC）对政府采购寻租进行测算，得出我国政府采购寻租程度偏高的结论。

第五章是对我国政府采购制度中提高绩效与预防寻租目标冲突问题进行分析。著者对政府采购制度提高绩效和预防寻租目标冲突原因进行探讨，提出当前我国政府采购存在绩效偏低和寻租现象并存的问题，并运用计量模型检验政府采购制度提高绩效与预防寻租相冲突的问题。同时，著者结合实地调研案例来演示当前我国政府采购制度提高绩效与预防寻租相冲突的问题，以及寻租对政府采购绩效的影响，案例验证了模型的结论，进一步证实采购制度提高绩效与预防寻租相冲突问题，也表明了寻租行为严重影响政府采购制度绩效。

第六章是解决我国政府采购制度绩效和预防寻租冲突问题的政策建议。著者从提高绩效、预防寻租以及寻租对绩效影响多个视角来提出提高政府采购制度绩效与预防寻租的政策建议。主要包括遵循市场经济规律，规范并合理控制政府采购规模；协调政府采购制度目标定位，提高政府采购绩效；加强对政府采购监督管理，严惩寻租行为；推行电子化政府采购提高绩效与遏制寻租四个方面。

第三节　研究方法

本书的研究方法归纳概括起来主要包括以下几个方面：

1. 规范分析方法

在本研究中，著者结合理论界的研究成果，以及对我国政府采购制度绩效偏低和寻租现状的描述性分析，提出了个人对该研究命题的一些判断；而对政府采购绩效偏低和寻租问题原因分析则主要基于博弈理论、委托代理理论、交易费用理论等理论基础对其进行阐述分析，从理论上阐述了提高政府采购制度绩效和预防寻租的必要性和重要性。而且，在理论分析和实证分析结论的基础上，著者提出了提高政府采购制度绩效和预防寻租政策建议，较好地回答了"应该怎样"的问题。

2. 实证分析方法

在本研究中，著者基于政府采购制度在运行中是否发挥绩效和预防寻租的功能为假设前提，通过构建 DEA 超效率模型来实证检验我国政府采购制度中的绩效问题并利用特殊的结构方程模型——多指标多因素模型（MIMIC）结构方程模型来实证检验寻租问题，从而为下一步分析提高政府采购制度绩效与预防寻租目标冲突提供参考依据。

3. 案例分析法

著者通过实地调研获取的代表性政府采购案例，直观反映当前我国政府采购制度存在的绩效偏低和寻租现象并存的问题，以及寻租对政府采购制度绩效的影响，进一步验证著者提出的政府采购制度绩效偏低和寻租问题，以及提高政府采购制度绩效与预防寻租冲突的问题。

4. 系统分析方法

本书在借鉴国内外众多学者的研究理论与成果基础上，对目前我国政府采购制度存在的绩效与寻租问题进行了梳理，特别是对问题背后深层次原因进行了探讨，最后提出了解决问题的建议和对策，使本研究具有提出问题、分析问题、解决问题的完整逻辑体系。

第四节　主要创新之处与进一步研究的方向

一、主要创新之处

本书的创新之处表现在如下四点：

（一）提出了新的研究视角。当前，我国理论界对政府采购制度的研究大多集中在提高政府采购制度绩效、预防政府采购寻租等理论环节，而对于政府采购制度在运行中存在的问题关注程度不够，特别是对政府采购制度在运行中提高绩效与预防寻租相冲突的问题研究成果较少，因此，本选题提出了新的政府采购的研究视角。另外，本书将政府采购制度绩效划分为微观经济绩效、宏观调控（经济）绩效和政策功能绩效三个层次，并将这三个层次绩效与寻租问题进行研究，从新的视角全面研究政府采购制度绩效与寻租问题。

（二）拓宽了对政府采购的研究方法。当前，我国理论界对政府采购制度的研究大多采用规范分析方法，主要是理论上的阐释、案例演示、描述性分析等方法，运用实证分析来进行研究的成果不多。本书通过对政府采购制度绩效和寻租存在的现象和案例进行分析，并结合近年来社会科学研究领域流行的计量分析方法对部分省市和部门的政府采购制度绩效与寻租问题进行实证研究，得出我国政府采购绩效偏低和寻租并存的结论，拓宽了政府采购研究方法，也使得本书的研究结论更加丰富。

（三）提出了作者对政府采购的个人认识和新的观点。著者在系统梳理现有研究成果、实地调研以及结合实证与规范分析的研究结论等基础上提出了个人认识和新的观点。一是提出了政府采购制度提高绩效与预防寻租目标相冲突的观点；二是认为我国政府采购制度被赋予的功能过多，市场经济不完善以及权力凌驾于制度之上是导致我国政府采购绩效偏低和寻租现象并存的根本原因；三是提出发挥政府采购制度绩效和预防寻租功能应当综合权衡、合理取舍。我国应将提高政府采购制度绩效作为主要目标，把预防寻租的功能与其他预防寻租制度结合起来。这些观点的提出可能对当前理论界和实务部门对政府采购的认识产生一定的冲击，但是，著者认为理论探讨上的争议和思想观点上的碰撞有利于现代政府采购制度的进一步完善。

（四）较为系统地提出了解决我国政府采购制度绩效偏低与寻租问题的政策建议。著者在对政府采购制度绩效和寻租内涵界定的前提下，结合理论剖析、描述性分析、计量分析、调研案例等研究结论，提出了较为系统的提高政府采购制度绩效和预防寻租的政策建议，具有一定的实践指导意义，可以为政府采购实务操作提供参考借鉴。

二、进一步努力方向

在本研究的基础上，值得未来进一步拓展延伸的两个方面如下：

首先，本书所述政府采购制度绩效仅指在政府采购法颁布实施以后，政府采购实现节资防腐与政策功能目标的情况和效果。政府采购制度中所指的寻租指的是政府采购制度的预防寻租目标，与政府采购制度提高采购绩效目标相对应。政府采购制度绩效与预防寻租存在四个方面的关系，本书仅研究政府采购制度绩效与预防寻租矛盾冲突问题。如果著者分析领域能够继续扩展到其他方面，进行系统和深入的研究，相信会有更大的意义。当然，这也是著者以后需要继续研究和探讨的方向。

其次，由于著者水平有限，加之我国政府采购制度研究起步较晚，相关的数据资料搜集难度较大，本研究是建立我国部分省市、个别部门政府采购制度绩效与寻租的现象和案例分析基础上的，在广度与深度上都有所缺陷。这一不足有待著者在后续的研究中加以改进。

第一章　政府采购制度绩效与寻租相关研究综述

第一节　政府采购制度绩效与寻租相关研究理论基础

政府采购目标的实现涉及政府采购制度的运行绩效问题，而交易费用、委托代理链条的多寡都关系到政府采购绩效的高低。如果政府采购制度不完善导致交易费用过高，会影响政府采购制度绩效，则需要完善政府采购制度来降低制度的运行成本从而提高采购绩效；委托代理链条的长短不仅关系到政府采购领域的租金空间，而且与政府采购目标实现的绩效也有着密切的关系，需要在租金和绩效之间进行协调平衡。同时，政府采购目标的实现还涉及"租金"博弈、交易费用、委托代理等制度经济学理论。

一、交易费用理论

古典经济学假设商品在市场交易中的交易是不存在成本的，也就是说商品只是产权的转移，买卖双方不会发生任何交易费用。然而在现实中，由于交易者的有限理性以及信息获取需要成本等多方面因素的影响，导致交易双方存在着较高的交易费用。1937 年科斯在《企业的性质》一文中首先提出了"交易费用"的概念，开创了制度经济学研究的新领域。关于交易费用的内涵，1961 年斯蒂格勒等人认为，由于信息不对称，在经济活动中，当事人之间权利交换或交易行为相关的许多活动都将产生交易费用，主要包括：搜集交易信息、谈判、订立协约、监督执行以及产权保护等行为中的策划成本费用。因此，如何有效降低交易费用成为人们迫切需要解决的现实问题。

在经济活动中由于交易当事人有限理性以及机会主义倾向的影响，制度经济学认为应通过制定或优化制度来降低交易费用。如果将制度运行视为一种投入产出活动，制度效率就可定义为：采取某项制度所产生的效益与推行该制度所耗费的成本之间的比率，即制度效率 = 制度效益/制度成本。借鉴资源配置的帕累托最优状态定义，若在某种状态下，通过资源再配置不能使某人效用在他人效用不变的情况下有所提高，则此状态就称为存在帕累托最优状态，否则，就认为资源配置不是处于最优状态，仍存在帕累托改进空间①。最优制度效率也指制度效率处于帕累托最优状态，即边际制度运行成本所带来的边际制度效益已达到最大值；反之，则为制度运行处于帕累托无效率或低效率状态。政府采购通过市场交易来实现其目标，而市场交易过程是存在交易成本的。政府采购目标的实现需要经历预算、审批、招标、资金支付、监督管理等诸多程序，在这一系列复杂程序中，需要投入大量的人力、物力、财力和时间等交易费用，因此，政府采购存在提高政府采购制度绩效以降低人力、物力、财力和时间等交易费用消耗的问题。

政府采购在运行过程中存在制度成本和制度收益两个方面。制度成本主要包括制定、推行和维护该制度所花费的人力、物力和财力等费

---

① 杨灿明，白志远 . 完善政府采购制度研究［M］. 北京：经济科学出版社，2004：40.

用。首先，在制度制定过程中，需要耗费大量的人力、财力、物力和时间等成本来组织考察政府采购当事人的各种行为和存在的各种问题；在制度制定后，宣传、推广、维护和制度修订也需要耗费一定的费用，这些费用构成了制度的运行成本。其次，执行制度时还存在一定的信息成本，包括解决采购过程中的委托代理关系的成本；采购方获取供应商真实经营信息的搜寻成本；采购当事人之间的合同谈判和签约成本等。制度收益是指通过政府采购制度对政府采购过程进行管理和约束所产生的效益。获得制度收益主要有三个方面的原因：一是它节约了交易费用。政府采购制度对采购的方式与采购的范围有明确的法律规定，各参与方以平等的身份参与竞争，促使采购价格降低，并且减少重复采购和盲目采购，从而降低交易费用。特别是批量集中采购的实施，发挥了规模经济效应，大大降低交易费用。二是它提供了一种激励机制，对符合公共利益导向的政府采购予以肯定和支持，并给予一定的激励，在这种激励机制下把采购人等利益主体的个人利益动机不断地引向为了整个集体或国家利益的行动中来。三是它提供了约束机制，为政府采购活动中各参与主体行为提供了约束规范。由于政府采购制度的建立，形成监督制约和处罚机制，通过改变机会主义存在的环境，削弱政府采购活动中相关参与主体的投机主义倾向。

因此，政府采购运行过程中，需要一定的运行成本，在客观上存在交易费用，而完善政府采购制度是降低交易费用的有效手段，通过制度供给来提升采购人实现政府采购目标的绩效。观察比较政府采购制度效益与制度成本之间的综合效果，就可以得出政府采购制度的效率，从而为政府采购制度的进一步供给和完善提供决策参考。

二、委托代理理论

20世纪60年代末，经济学者在研究企业内部信息不对称和激励问题的过程中，逐渐形成了"委托—代理"这一现代企业理论。随着社会经济的不断发展，企业规模不断地发展壮大，其所有权和控制权会逐步分离，企业的所有人作为委托人和控制企业的代理人慢慢地产生了委托代理关系。委托代理理论的含义是，委托人和代理人都把利益最大化作为追求的目标，委托人为了使代理人按照委托人的利益和意图选择行动，通过签署委托代理协议来约束其行为。也就是说，当事人之间通过签订协议，约定一方当事人的行为必须符合另一方的要求，有权制定行动规则的当事人是委托人，按约定要求执行的当事人是代理人。在这种契约下，委托人为了实现自身利益，授予代理人部分权力，代理人在完成代理过程中获得相应的报酬。代理人和委托人的效用函数存在不一致的问题，其最根本的问题是在于契约的不完备性，契约无法把所有事项都进行规定；另一个问题在于代理人与委托人之间存在信息不对称的现象。当信息不对称时，会引发信息量少的一方进行逆向选择和诱发信息量多的一方发生道德风险，而当契约不完备时，委托人就无法完全避开代理人的道德风险，也难以对代理人的逆向选择行为进行控制和实行相应的惩罚。

在政府采购过程中，参与主体涉及纳税人、政府、财政部门、行政事业单位、行政事业单位的内部采购机构、采购人员等，他们之间存在着多重的委托代理关系，代理人可能存在滥用代理权的问题，存在寻租的风险。

政府集中采购的模式与分散采购模式相比，委托链相对减少，有利于减少政府采购寻租存在的风险。在集中采购模式基础上，如果由集中采购机构根据财政部门提供的政府采购计划进行批量采购，并严格按照采购标准和要求执行，在一定程度上避免了采购人与供应商直接接触，防止了因采购单位自由裁量权过大而造成的寻租。同时，政府集中采购因采购规模大、社会关注度较高，使得采购过程处于透明的环境下进行，起到预防寻租的作用。

三、寻租理论

寻租理论产生于 20 世纪 60—70 年代西方资本主义发达国家，是一些经济学家在研究垄断、关税以及政府管制所造成的社会损失的过程中逐步形成和发展起来的。寻租的概念最早由美国明尼苏达大学安·克鲁格于 1974 年在其著作《寻租社会的政治经济学》中首次提出，克鲁格认为寻租是为了取得许可证和配额以获得额外收益而进行的疏通活动。对寻租理论有突出贡献的还有 1986 年诺贝尔经济奖得主布坎南，布坎南把寻租描述为人们凭借政府力量的保护进行的寻求财富转移而造成的浪费资源活动，租金则是指在支付给生产要素所有者的报酬中，超过要素在任何可替代用途上所能得到的那一部分收益。道格拉斯·诺斯（1987）认为，寻租理论"把经济学分析延伸到政治结构和制度的黑箱。它指导经济学家们研究用于政治活动的资源和相应的经济绩效"。因此，寻租是指某种生产要素的所有者或管理者凭借此种要素的垄断地位，获得的超过要素机会成本以上的剩余。寻租现象通常是由于政府在追求自身利益最大化的过程中有一种扩大公共领域的偏好，从而限制了市场行为。还有人认为寻租是为了争夺人为的财富转移而造成资源浪费的活动，寻租活动存在的前提条件是政府权力对市场交易活动的介入，因政府对市场进入门槛设置了条件限制或制度障碍造成了机会的稀缺使得寻租者有租可寻。

伴随着寻租行为的不断发展，逐渐出现了设租行为。所谓设租，就是政府官员利用自己手中掌握的权力，对其服务对象设置各种有形和无形障碍，迫使其服务对象向政府官员缴纳顺利通过障碍的"关卡费"。任何在某一交易活动中居于优势地位的人都有可能进行设租行为，其明显特点就是"强者"利用其手中权力或其职位优势向"弱者"施加显性或隐性的压力，甚至上级直接"诱导"下级，来谋求非法租金收入。

政府采购在具体的操作过程中，租金构成主要有两个环节：寻租和设租。寻租是指供应商企图通过非法违规手段赢得政府采购市场份额以获取租金的行为；设租则是指政府官员身份的采购人利用其手中的公权力设置各种破坏政府采购市场公平竞争的障碍，向供应商等弱势方索取非生产性利润租金的行为。可见，政府采购活动中的寻租是租金伸向权力、权力创造更多租金的过程，设租则是指权力直接创造"租金"的过程①。政府采购过程中的租金严重影响了政府采购市场的公平竞争，造成了公共资源的极大浪费，需要建立规制寻租和设租行为的监督约束机制，保证采购人实现政府采购目标的各个环节公开、透明。无论是分散采购模式，还是集中采购模式，政府采购相关利益主体开展的寻租博弈活动都将会产生租金外溢效应②，对经济社会造成诸多负面影响，主要体现在两个方面：

一是寻租和设租现象扩大化。因为采购人在政府采购过程中处于强势主导地位，又具有典型"经济人"的特征，如果供应商不愿意合作并支付租金，在市场充分竞争条件下，因可供选择合作的供应商较多，采购人会选择愿意合作的新供应商，此时，新的供应商会吸取前一任供应商的失败教训，通过寻租满足采购人租金需求，新的寻租人也会由此产生。由于供应商对其提供的货物、服务和工程等产品具有信息优势，所以采购人很难在短期内获悉其能够获取的经济利润空间，当然供应商也具有典型"经济人"特征，尽可能选择符合自身利益最大化的博弈策略。但是，在市场充分竞争的条件下，采购人具有优先获取充分信息的可能，能基本上估算出供应商的利润空间，会要求供应商补偿租金，供应商为了长期占据政府采购市场，不得不向采购人提供租金。如果供应商拒绝向该采购人供应租金，就有可能失去政府采购市场，因此，供应商会吸取教训，在其他政府采购活动中向采购人开展寻租活动。同

---

① 陈畜金. 设租与寻租行为的经济学分析 [J]. 经济研究，1997（04）：66.
② 彭文兵，裴育. 政府采购中的寻租经济学分析 [J]. 上海财经大学学报，2003，5（02）：3 - 9.

时，伴随着民主政治的发展，社会监督力度不断加大，采购人设租行为的风险也越来越大，采购人在经济利益的刺激下，为了降低设租行为带来的风险，采购人也会向市场上的供应商模仿，以寻租人身份开展寻租活动谋求政治保护，将其获得一部分租金向其上级官员或同级的监督机构等监管方行贿，如果其上级官员或同级监督机构同样追求租金，就会导致恶性循环，进而形成政府采购活动中的设租扩大化。特别是在分散政府采购模式下，委托代理链条长达六级，极易导致政府采购行业大范围的寻租发生。而集中采购模式由于委托代理链条缩短至四级，集体性设租和寻租的空间被压缩，租金外溢效应相对小于分散政府采购模式所带来的负面影响。

二是社会成本增加。政府采购租金问题的存在，会对政府的财政资源、市场经济秩序产生一系列的负面影响，主要体现在两方面：一方面是在政府采购过程中，如果采购人和供应商根据约定的租金寻租成功，他们会以不同方式获取租金。对于采购人来说，通过多支付额外的财政性资金，以此作为租金，用来向供应商提高采购价格；对于供应商来说，采取以次充好，降低产品质量的方式来弥补向采购人支付租金的损失，以确保获取预期经济利益。采购人和供应商获取了租金，最终损害的是纳税人的利益；另一方面是破坏政府采购市场公平竞争的秩序，造成供应商之间的不公平竞争，有能力从事寻租活动的供应商会长期占据政府采购市场份额，并从寻租活动中获得大量的非生产性利润，从而损害广大普通消费者的消费剩余，而非寻租供应商则难以在政府采购市场中获益。这种不合理的利益分配格局会造成从事寻租活动示范效应，导致供应商不去尽力提高产品和服务质量，而是积极探求寻租的可能性，大量供应商进入寻租行列，会导致整个政府采购市场的竞争秩序紊乱。

政府采购制度的重要目标之一就是要预防寻租，阻止在政府采购活动中相关利益主体的设租、寻租等不合理行为，防止出现非生产性利润的租金现象和公共财政资金浪费。政府采购管理制度的建立和完善，目的是要充分提高财政资金的使用效应，促进政府采购制度的稳定健康发展。

四、博弈理论

博弈论，英文为 Game Theory，顾名思义，是指二人或多人在游戏对局中各自根据对方的策略选择与之相对抗的策略，从而达到取胜的目的。博弈论在20世纪40年代产生和发展起来，是数学学科的一个分支，博弈论是用一个数学模型来说明几个相互对立的行为者之间如何做出自己的最优决策的理论。该理论由参与者、策略和支付三个基本要素组成，任何博弈模型至少涉及三个基本要素：局中人、一定博弈规则下的对策行动和相应的博弈结果支付。作为分析各经济主体间相互作用的一种有效工具的博弈论，在进行经济分析时认为个人效用的大小不仅取决于当事人自身的最优选择，还取决于其他人的选择结果，当事人与其他人进行选择时相互影响。

根据博弈假设条件，博弈类型分为合作博弈和非合作博弈。在合作博弈中，一般假设团体都是理性的，由于团体容易做出妥协，可以达成对各方都有约束力的协议，凭借协议就可以形成一种均衡。但在非合作博弈中，因为各自都只强调自己的单个理性，而单个个体又很难做出妥协，因此难以达成对各方都有约束力的协议，所以，只有经过多次博弈，才能达到均衡状态。这种非合作博弈形成的均衡，一般称为纳什均衡，是博弈论中最基本和最基础的均衡状态。纳什均衡的前提条件是在一个博弈中任何一个参与者都具有占优策略且轻易改变自己的最优策略，从而使各方达到一个均衡状态。

政府采购实际上是一个经济的关系，政府采购市场中各当事人之间存在着错综复杂的博弈关系，经常会在利益上存在冲突导致政府采购的目标难以实现。而博弈论则是科学设计——政府采购制度、有效抑制寻租的理论依据。据此，本书也进行了一系列假设：

假设1：供应商是采购过程中的经济利益主体，是追求经济利润最大化的典型"经济人"，而具体负责采购的官员也具有个人利益，存在违背公共利益谋求私利的动机，也是理性的"经济人"。

假设2：在政府集中采购模式下，政府采购制度对各参与方具有很大约束力，产生租金的空间范围相对较小，并且随着博弈主体的不断增多，多方博弈会导致寻租的风险加大。而在分散政府采购模式下，各参与主体寻租、设租的空间范围比政府集中采购则要扩大许多，且博弈主体相对减少，租金的规模可能扩大，租金发生的概率也会随之上升，因此，集中政府采购模式比分散政府采购模式更合理有效。

假设3：市场具有充分竞争性，即所有符合条件供应商都有平等机会参与到政府采购市场的竞争中来，因此，采购人有着较多的选择机会。同时，采购人与供应商之间客观上存在信息不对称的问题，这将会导致重复博弈现象的出现。

下表1-1将主要介绍在分散政府采购模式下，采购人与供应商之间的博弈策略选择，并在此基础上分析租金是如何伴随着双方之间博弈策略的调整而形成，为政府采购模式的合理选择提供参考。

表1-1 租金博弈模型

	L	H
L	A (10, 10)	B (0, 20)
H	C (20, 0)	D (0, 0)

表1-1是分散政府采购模式下的四种租金博弈策略空间，采购人和供应商是博弈的主体，用字母L表示双方认可的最低竞租价状态（设为10个单位币），用字母H表示双方认可的最高竞租价状态（设为20

个单位币），租金博弈策略空间左边的数代表采购人所能获得的租金，右边的数字代表供应商所能获得的租金。在租金博弈策略空间 A，双方都可以获得 10 个单位的租金，采购人是利用手中的权力获取，供应商是通过"钱—权—更多的钱"方式获取。假设采购人在交易前就获知供应商能够从寻租中获得非生产性利润为 20 个单位币，那么采购人会利用手中特权，将博弈策略空间转移到 C，这样采购人就会获得租金 20 个单位币；而供应商不能获得租金。从供应商来角度来看，将博弈策略空间转移到 B 是其最佳状态，能够获得最大租金 20 个单位币，由于双方的信息不对称，采购人将会同意把博弈策略空间转移到 B，此时，供应商获得最大租金 20 个单位币，而采购人不能获得租金。

但是在重复博弈的动态情况下，B 和 C 博弈策略空间并不是均衡策略，因为，如果采供双方都知道对方租金收益的情况下，双方就很难合作。只有处于 D 博弈策略空间时，任何一方只要不改变既定策略，另一方都无法再寻找到比现在更好的策略，这时，采购方与供应商相互处于均衡点上，没有继续改变策略的必要，因此，达到纳什均衡状态。

从分散采购模式下的租金博弈模型可知，要确保政府采购制度的公平、公正，防止租金的出现，就要采取措施使采购人和供应商均处于 D 策略空间，使得双方都不能谋取非法租金，在公平的基础上进行交易。实际上，在分散政府采购模式下，由于涉及的直接利益主体相对较少，即主要是采购人和供应商，且采购人和供应商均假设是理性"经济人"，他们之间的寻租动机和行为很难自我抑制，都容易陷入"囚徒困境"状态，难免出现谋求租金现象，而在集中政府采购模式下，采购机构（含政府采购集中采购机构和社会代理机构）第三个直接利益主体的加入，三者之间的利益博弈更为复杂，其中一方为实现租金的成本和风险将会大大增加，三方串谋的难度更是加大，相比分散采购模式，集中采购模式下的博弈在 D 策略空间的可能性极大提升。

五、制度预防腐败

诺思认为制度是社会的游戏规则，是一系列旨在约束人的行为及其相互关系的行为的一整套规则、法则和道德伦理规范。柯武刚，史漫飞认为"制度是广为人知的、由人创立的规则，它们的用途是抑制人类可能的机会主义行为，它们总是针对某些违规行为做出惩罚措施"。① 诺斯把制度分正式规则、非正式规则和这些规则的实施机制三种类型。正式制度是人们经过一定的正规程序建立起来的具有约束力的各种制度安排。正式制度又称为正式规则或硬制度。正式制度往往由公共权威机构或者由有关各方协商制定，并依靠强制力量强加于共同体成员，具有明确的强制性和有意识性等特点。非正式制度是指人们在长期的社会生活中逐步形成的风俗习惯、伦理道德、文化传统、价值观念及意识形态等对人们行为产生非正式约束的规则，是那些对人的行为不成文的限制，是与法律等正式制度相对的概念。② 诺斯认为非正式制度主要有三种类型：一是社会都认可的准则；二是经过补充、修订的正式制度；三是约定俗成的行为规范和行为标准。非正式制度是具有非强制性、自发性、持续性和广泛性等特点；实施机制也是构成制度的一个重要组成部分。正式制度和非正式制度形成以后，必须有与之相应的实施机制，通过第三方加以实施才能更具有实际效力和约束力。制度的是否有效，关键在于制度的实施机制是否健全，如果实施机制不能有效运转，任何制度都可能形同虚设。在现实生活中，制度一般由国家来制定，一个国家的制度实施机制是否有效或是否具有强制性，主要表现在对违规行为是不是进行惩罚，即看违约是否有成本。强有力的实施机制会让任何违规都付

---

① 柯武刚，史漫飞. 制度经济学：社会秩序与公共政策 [M]. 韩朝华，译. 北京：商务印书馆，2000：35.

② 卢现祥. 新制度经济学 [M]. 第 2 版. 武汉：武汉大学出版社，2011：115 – 118.

出代价，当违规成本变得很高，远远大于违规所获得的收益时，违规行为就会变得不划算，从而自动减少违规行为。

正式制度与非正式制度相互依存、相互影响、互为条件，但是二者并不总是互补或相辅相成的，它们的发展和功能是各自独立的，它们之间的关系是多层面的，不是一维的。非正式规则有时会不利于正式规则功能的发挥，削弱正式规则的权威性，甚至会损坏、取代正式制度。正式规则的移植需要非正式规则的配合支持。我国在经济转轨的过程中，借鉴甚至移植了西方发达市场经济国家的制度安排，这在一定程度上降低了正式制度创新和变迁的成本。但是移植的正式制度需要非正式制度的配合和支持，才能有效发挥作用，而在我国非正式制度具有较强的历史延续性和保守性，非正式制度与正式制度之间的冲突削弱了正式制度的有效实施。因此，在特定的历史时期我国引进一些的法规制度运作情况不尽如人意，正式规则仅仅停留在纸面上，而非正式规则却成为实际运行的准则，即"纸上的法规远不同于具体实施的法规"。

步入新时期，政府采购制度改革紧紧围绕贯彻落实党的十八大精神和财政"十二五"发展改革目标，更好地发挥了政府采购制度的积极作用。然而在现行政府采购法律框架下，我国政府采购制度体系中把节约财政资金和预防腐败目标放在了突出位置，轻视了非正式制度对正式采购制度的影响。如此不仅导致一些项目政府采购效率不高、质量无法保障，也弱化了其他经济社会目标的实现。由于中国人的制度观念较为淡薄，在关系文化与关系经济等非正式制度的影响下，政府采购制度很难有效发挥其作用，甚至可能低效或无效。政府采购制度或者流于形式，或者在执行中被"软化"和"变形"，或者无法实施，这就导致政府在采购过程中一直存在价格高、质量差、低效率，甚至寻租等问题，且并不会因为政府采购制度的推进和政府采购方式的推广而有效缓解和消除，反而还会出现呈反方向增长趋势。

第二节　政府采购制度绩效与寻租相关研究文献综述

截至 2013 年，国内外相当多的学者针对政府采购这一话题进行了一系列富有成效的研究工作，研究的范围涉及了政府采购的概念界定、政府采购制度的历史变迁、政府采购需求的政策功能效应、政府采购的绩效评估等方面。围绕本研究的主题，著者梳理了与采购绩效和寻租相关的研究成果，以便于我们能够清晰了解关于本选题的研究现状，为深化研究奠定基础，同时，也期望能够在已有的研究成果上有所突破。

一、文献回顾

（一）关于政府采购规模的研究

马斯格雷夫（1984）从历史视角观察分析了美国、英国、德国等国的政府采购规模，结果发现这些国家的政府采购规模在 19 世纪末占 GDP 的比重在 6% 左右，到了 20 世纪中期上升到了 20% 以上，而到了 20 世纪 80 年代以后，政府采购的规模占 GDP 的比例逐步开始下降。布坎南（1988）反对用财政预算赤字开展政府采购活动，主张避免盲目利用政府采购手段来刺激经济发展。他认为在私人市场上的盲目采购行为将使采购人付出相应的代价，而在公共部门领域，"经济人"假设同样成立，公共部门一样是自私而理性的，为了追求部门利益，会出现盲目采购行为，但是公共部门的决策者却不承担盲目采购的代价。WALKER H. [①]

[①]　WALKER H., BRAMMERS. The relationship between sustainable procurement and e – procurement in the public sector [J]. *International Journal of Production Economics*, 2012, 140 (1): 128 – 137.

（2009）通过对英国近年来政府采购支出数据的搜集整理，发现英国公共部门的政府采购支出规模非常庞大，而且当前世界大部分国家的公共采购支出大约占到本国 GDP 的 8% ~25% 之间，政府成为政府采购市场中最大的客户，一国政府采购能力甚至在很大程度上决定了该国对于经济发展的影响能力。AHIMBISIBWE A.① （2012）通过对非洲地区尤其是乌干达的研究，发现政府采购支出是这些发展中国家市场中最重要的购买力量之一，政府采购支出的规模大约占到这些国家 GDP 的 9% ~13%。

　　我国学者杨灿明、李景友② （2004）认为我国政府采购规模相对较小、采购范围较窄，采购支出结构不合理。李安泽③ （2004）认为我国政府采购规模上升速度很快，但与发达国家相比还处于低水平状态；一个国家政府采购规模大小与本国经济发展水平、政府经济建设职能和经济对外开放程度等因素紧密相连，判断政府采购规模是否合理，需要从财政资源配置的内外比例是否协调、供给与需求是否匹配等角度进行衡量。国务院发展研究中心政府采购管理体制改革研究课题组④ （2008）研究发现：西方国家政府采购规模通常占其 GDP 的 10% ~15%，而我国政府采购规模占 GDP 的比重还不到 2%，这说明我国政府采购规模相对较小，但是，如果考虑到我国政治制度和行政体制方面与西方国家的差异，我国政府采购实际规模呈现上升趋势。

　　事实上，如何界定政府采购范围将直接关系到政府采购规模的大小。在我国，将行政单位全部纳入政府采购制度的管理范围，理论界对

---

① AHIMBISIBWE A. Outsourced Contracts, Buyer – Supplier Trust, Supplier Opportunistic Behavior and Supplier Performance in Ugandan Public Procuring and Disposing Entities [J]. *Journal of Public Procurement*, 2012, 12 (04)：435 – 470.

② 杨灿明，李景友. 政府采购问题研究 [M]. 北京：经济科学出版社，2004：34.

③ 李安泽. 关于政府采购合理规模的分析 [J]. 当代财经，2004 (04)：57 – 59.

④ 国务院发展研究中心政府采购管理体制改革研究课题组，程远忠，林初宝，梁戈敏. 从采购规模看我国政府采购的现状 [J]. 经济，2008 (21)：102 – 107.

此基本上无异议，但是，对事业单位和国有企业是否全部纳入政府采购范围则存在较大的分歧。马国贤①（1999）认为财政拨款金额一半以上的事业单位应该受到采购制度约束，经费来源大多属于自主收入的，可以不予考虑。焦洪宝②（2010）比较了我国与 GPA 各成员方的"政府采购"概念，认为我国政府将"使用财政性资金"作为政府采购的认定要素完全可以涵盖 GPA 成员方的政府采购概念，我国行政机关的资金来源均为财政性资金，应属于政府采购制度的管辖范围，而对于事业单位和社会团体，无论是差额财政拨款还是"自收自支"类型，只要它们将其部分经营资金纳入财政预算，都应将其全部政府采购活动纳入政府采购制度的管理范围。甘培忠③（2001）认为应将非竞争性国有企业和竞争性国有企业区别对待，不宜将所有国有企业都纳入政府采购法律法规的约束范围，对于竞争性国有企业在经过市场化改造后，要尊重其市场主体地位，不能过多干预，包括其采购行为，非竞争性国企政府特征明显则应该被政府采购法等制度予以规制约束。王士如④（2005）认为从市场主体身份来看，国有企业不同于行政事业单位，不应该被纳入政府采购法的约束规制范围，但是，国际通行做法却将经营自主权受到一定约束的国有企业纳入政府采购主体的管理范围。邱泰如⑤（2010）认为要将政府采购法规定的采购人严格纳入政府采购管理范围，而对国有企业则要慎重的选择而不能盲目纳入，如果国有企业采购

---

① 马国贤. 论政府采购的制度建设 [J]. 浙江学刊，1999，01（1）：39.
② 焦洪宝. 基于中国国情的政府采购范围界定再思考 [J]. 中国政府采购，2012（04）：68 – 70.
③ 甘培忠，吴韬. 政府采购法适用范围论略 [J]. 行政法学研究，2001（003）：20 – 30.
④ 王士如. 中国政府采购立法与 WTO 政府采购协议的整合 [J]. 上海财经大学学报，2005（05）：44 – 50 + 75.
⑤ 邱泰如. 论政府采购的范围和扶持政策 [J]. 中国政府采购，2010（01）：72 – 75.

资金来源于政府的财政性资金，可考虑采用政府采购制度进行管理规范，保证其来自政府的公共资金被规范使用。刘小川[①]（2010）认为应该进一步明确政府采购制度的范围，例如对财政性资金、混合型经济、地方债务、捐款等资金的界定；应将使用财政性资金的行政事业单位、非法人团体组织全部纳入政府采购系统，对于营利性事业单位、法人团体组织、公共企业以及受托一级主体的中介机构等，视其财政性资金占单位资金的比例以及采购对象的情况，决定是否将其纳入政府采购管理系统。

（二）关于政府采购模式的研究

国外学者 LAM N[②]（1991）根据加拿大军队采购情况，建立了一个由项目采购成本、运输税和质量等相关成本变量的方程式，分析集中采购和分散采购模式的不同效果，研究发现集中采购模式有利于军队更好地减少重复采购行为，有利于采购产品质量与军队需求相统一，但是集中采购也存在速度过慢、效率较低、受到制度束缚过多以及增加低价值产品的采购成本等缺点，分散采购则有时可以克服集中采购的这些缺点，并能促进当地的经济发展，增进当地的社会福利。Bernd THEI-LEN[③]（2013）利用"联合议价悖论"对政府采购模式进行分析，研究发现当沟通成本很低、产品供给商之间没有相互联合的情况下，集中采购往往成为采购人的优先选择，因为分散采购时承包商处于自己利益考虑扭曲分包商收入，而最终这些成本是需要采购者来承担的，但是，当采购合同是由双方议价决定的时候，采购者往往会选择分散的采购模

①　刘小川. 中国政府采购范围制度及其制度协调 ［J］. 中国流通经济，2010（03）：18 – 21.
②　LAM N. Centralized and Decentralized Purchasing with Quality Inspections ［J］. *The Journal of the Operational Research society*，1991，42（1）：948 – 958.
③　THEILEN B. Contract Delegation with Bargaining ［J］. *Economic Inquiry*，2013，51（01）：959 – 970.

式，因为分散的采购模式能让政府采购官员在与供给商讨价还价过程中占据一个有利的地位。

国内学者对集中采购持普遍赞同态度，安福仁①（2004）认为凡是使用财政性资金进行政府采购的单位，尤其是在国际市场上进行政府采购，必须按照规定采用集中采购模式，采购单位不得擅自变更采购方式进行自行采购。唐东会②（2006）指出作为政府的基本采购模式集中采购和分散采购，集中采购优于分散采购，有利于防止寻租和优化经济结构。王金辉③（2009）结合我国具体情况和国外的先进案例，认为政府采购模式应该采取集中采购与分散采购结合的模式。具体来讲："大、重、普"实行集中采购，"小、轻、特"实行分散采购。另外，在特殊情况下，例如涉及技术性、专业性较强或是有特殊需求的时候就可以采取分散采购，但是标准应达到一定额度，应当采用招标进行采购。兰相洁④（2012）认为应借鉴西方成功经验，我国目前应采取分散与集中结合的混合采购模式，因为混合采购模式不仅能够遏制寻租行为，节约财政资金，避免财政资源的浪费，而且有助于树立政府良好的外部形象，可以使政府牢牢把握以买方市场为主导的外向型经济自主权，在对外贸易谈判中占据主导地位，从而促进国内外企业开展有效竞争，促进国内企业更快地融入世界经济当中，不断提高国内企业的国际市场竞争力。

（三）关于政府采购政策功能的研究

政府采购是否具有和应该发挥出更多的"政策功能效应"，成为近年来政府采购研究领域的热点问题之一，主要包括政府采购在促进生态

---

① 安福仁. 中国政府采购的理论定位与管理制度改革［J］. 财经问题研究，2004（09）：70.

② 唐东会. 政府采购模式选择问题探讨［J］. 当代财经，2006（09）：27－30.

③ 王金辉. 刍议我国政府采购模式的选择［J］. 商业时代，2009（029）：60－61.

④ 兰相洁. 政府采购模式的现实比较与路径优化［J］. 改革，2012，（03）：158－159.

环境保护、自主技术创新、民族产业保护、幼稚产业发展等方面的功效。

　　我国学者对其进行了系统研究，徐焕东[①]（2005）认为政府采购可以发挥环保与节能减排的功能，通过绿色标准发挥示范效益。苏明[②]（2005）认为政府采购是推动环保与节能的有力措施，需要逐步加大对环保产品的认证力度，而且宜实行集中采购模式开展节能产品采购活动。王金秀、汪博兴、吴胜泽[③]（2006）认为随着政府采购制度不断完善发展，政府采购制度已成为最有效的宏观经济调控手段之一，政府采购制度也由节约财政资金、防止政府采购寻租到重视政策功能发挥的过程，因此，政府采购是采购政策、程序、过程及管理制度的总称。赵向华[④]（2010）认为对于政府采购政策功能应该树立正确的观念，不能过分夸大政府采购政策功能的作用，把经济发展的主要目标寄托在政策功能发挥上，也不能简单把政策功能等同于保护国内产业。不能仅从个别地区、个别部门和个别企业的局部利益出发，要以整体为导向综合考虑政府采购需求的政策目标设定及实现。李晖[⑤]（2011）认为我国《政府采购法》还有待完善，很多条文需要细化，需要在深度和广度上增强。交易对象上还需要增设强制性条款，在交易启动、交易条件和交易履行等环节还需要增设可操作性条款。

---

① 徐焕东. 政府采购在环保与节能中的功能及方式选择 [J]. 环境保护，2005（08）：64 - 67.
② 苏明，傅志华，包全永. 鼓励和促进我国节能事业的财税政策研究 [J]. 财政研究，2005（002）：33 - 37.
③ 王金秀，汪博兴，吴胜泽. 论中国政府采购的政策功能及其实施途径 [J]. 中国政府采购，2006（002）：18 - 24.
④ 赵向华. 论政府采购的政策功能及其实现 [J]. 兰州大学学报（社会科学版），2010，38（S1）：10 - 13.
⑤ 李晖. 论《政府采购法》宏观调控功能的加强 [J]. 重庆理工大学学报（社会科学），2011，25（03）：71 - 76.

（四）关于政府采购绩效的研究

福利经济学家庇古，在其 1919 年出版的《福利经济学》中，提出财政支出效益问题，同时也提出政府采购及其绩效管理问题。庇古认为公共财政紧缩政策，是政府采购绩效的首要问题。凯恩斯在 1938 年提出，政府采购对政府职能的影响。1929 年的世界经济危机之后，西方政府部门开始以凯恩斯主义做指导，越来越多的介入社会经济活动当中，政府采购规模不断扩大。相关的支出效益问题开始引起更多人的关注，学术界也有更多的学者开始研究相关课题。19 世纪，经济学家朱乐斯在其著作中首次提出成本效益分析方法的概念。有关政府采购绩效的定义，西方学者多从经济效益的角度进行定义。美国学者理查德·A. 波斯纳（POSNER R）在其所写的《法律的经济分析》中提到，"政府采购的首要原则就是提高财政资金的使用效率，通过政府采购提高社会福利"。FARNHAM D[1]（1993）构建的绩效评估指标体系中，主要包含经济指标、效率指标和效能指标三个方面。该模型中运用了公众满意程度、政府采购的投入产出比，采购成本的最小化程度等定性指标和包括政府采购的质量、产生的社会效果等定量指标。SORBER B[2]（1993）根据不同地方政府采购效能，提出建立包含经济和社会两方面指标的评估模型。

我国对政府采购绩效的研究要晚于西方国家。20 世纪 80 年代，我国学者开始关注于财政支出绩效的研究。潘彬[3]（2008）提到政府采购的本质是为了实现相应的社会目标和经济目标，所以政府采购绩效就应

---

① BARRY F. Government Consumption and Private Investment in Closed and Open Economies ［J］. *Journal of Macroeconomics*，1999.

② BORBE B. *introducing Public Adminstration* ［M］. New York：Oxford University Press，1993.

③ 潘彬. 政府采购绩效评价模式创新研究 ［M］. 湘潭：湘潭大学出版社，2008：157 – 158.

该是实现相关目标的效率和效益，代表政府采购机构为实现政府采购功能所付出的成本。

近年来，我国学者对政府采购绩效评估定义的观点主要有两种，一种是政府采购绩效评估是对政府采购工作结果的评估，黄明锦①（2009）认为对政府采购的绩效评估就是评价其完成相应的经济目标和政策目标的成果，其基础是构建科学有效的评估指标体系。王晓红、张宝生、潘志刚②（2012）提出政府采购绩效评估是为了反映政府的采购职能的履行情况、财政资金使用效率、政府提供公共服务的程度和效果、宏观政策的落实情况。另一种观点是，政府采购绩效评估应该针对政府采购的过程，张艳、刘奇峰③（2012）认为政府采购绩效评估是全过程的，不应过多评价结果。周猛④（2012）认为政府采购绩效指的是政府采购产出和相应投入之间的对比关系，它包括了公平、效率、效益、效果等多方面的内涵。政府采购评估不仅针对全过程而且要针对所有参与者；不仅要评估效率而且要评估效果。

（五）关于政府采购寻租研究

国外学者布坎南（1988）反对政府部门自行采购，主张将政府采购活动委托给私人代理机构，从而达到资源的合理配置。同时，要制定严格而周密的政府采购程序，加大社会对政府采购的监督力度，尽可能实行公开招投标的方式，提高政府采购的透明度，通过公平竞争和规范严格的资金支付，遏制政府采购过程中寻租问题的出

---

① 黄明锦．政府采购绩效评估［J］．中国政府采购，2008（11）：71－74.

② 王晓红，张宝生，潘志刚．我国政府采购绩效评价指标体系的构建［J］．中国政府采购，2010（003）：75－77.

③ 张艳，刘奇峰．对中央部门机关政府采购开展绩效评价的几点思考［J］．中国水利，2012（08）：56－58.

④ 周猛．政府采购绩效评价体系的建立与完善［J］．财政监督，2012（30）：24－26.

现。BURGUET R① （2004） 指出在产品供应商相互竞争的情况下，如果能获取完整的交易信息而且没有寻租现象存在，高效的公司通常情况下会赢得政府采购的合同。但是，如果政府采购机构存在寻租而且拥有完全的政府采购权力，那么即便是高效的公司为了赢得合同也必须花费更大代价，这样就会使这些高效的公司最终失去合同，从而影响政府采购的质量和价格。NTAYI J② （2013） 通过对 474 名乌干达政府采购工作人员的实地调研，分析政府采购中道德与寻租行为之间的关系，采用经历、态度和价值观三个维度构建了政府采购人员的行为发生模式，发现政府采购人员社会身份、以自我为中心的道德观念、宗教道德模式是影响寻租行为的重要因素，并且 73.3% 的政府采购寻租是由这些因素引发的，因此，可以通过提高政府采购人员的道德责任感来减少政府采购领域的寻租。KITUMNUAI S③ （2013） 通过对泰国 67 个政府机构的169 个专业人士调查，发现推行电子政府采购模式进行电子化拍卖能够使政府采购操作流程更加透明化，从而有效降低政府采购活动中的利益合谋等寻租现象。

　　我国学者杨灿明、李景友④ （2004） 认为引入招标竞争机制有利于采购活动的公平竞争，使得制度设计更加公开、透明。能够有效地减少了权钱交易、寻租问题，各参与方在公开透明的"游戏规则"下开展

---

① BURGUET R，CHE Y. Competitive procurement with corruption ［J］. *The RAND Journal of Economics*，2004 （01）：50 – 68.

② NTAYI J，NGOBOKA P，KAKOOZA C. Moral Schemas and Corruption in Ugandan Public Procurement ［J］. *Journal of Business Ethics*，2013 （03）：417 – 436.

③ ROTCHANAKITUMNUAI S. The governance evidence of e – government procurement ［J］. *Transforming Government：People，Process and Policy*，2013，7 （3）：309 – 321.

④ 杨灿明，李景友. 政府采购问题研究 ［M］. 北京：经济科学出版社，2004：33 – 36.

公平竞争。殷彦谋、张前枝①（2005）认为政府采购的制度实施主要目的是防止寻租，以及信息不透明带来的"暗箱操作"等违法行为，维护群众根本利益和市场的公平合理。邹进文②（2004）认为传统分散的政府采购模式为六级较长委托代理链条，而现代政府采购制度使委托代理链较短，使得政府采购相关决策更加透明和公开，能有效抑制政府采购中的寻租行为。刘小川③（2007）认为政府采购官员接受贿金的概率取决于租金多少、权力大小以及事后被发现的概率。如果事后被发现的概率很小，那么采购人员将会铤而走险接收金钱贿赂。范红晖④（2009）认为从现有法律角度看，采购人占三分之一的表决权力，采购人不仅具有提出政府采购需求的权力，在货物验收阶段也享有较强的话语权，因此对权力的垄断性占有会使采购人利用职权控制政府采购行为。刘细良、吴林生、樊娟⑤（2011）认为采购寻租的根本原因在于采购官员与采购商之间的利益关系，如果采购官员本来就掌控着对采购商的自由裁量权的话，就会诱使他们进行政府采购寻租活动。

二、对国内外研究的述评

通过对上述国内外关于政府采购研究文献的回顾与分析之后，著者认为，国外发达国家建立政府采购制度的时间较早，经过200多年的不断发展与完善，政府采购制度已经相当成熟。一是国外学者对政府采购

---

① 殷彦谋，张前枝．从市场信息的非对称性看政府采购［J］．中国政府采购，2005（02）：12－14.

② 邹进文．政府采购的经济学透视［J］．当代财经，2002（02）：25－28.

③ 刘小川．构建政府采购的反腐败监督链制度［J］．理论探讨，2007（002）：6－8.

④ 范红晖．政府采购操作中容易滋生寻租的五个环节［J］．中国政府采购，2009（11）：39.

⑤ 刘细良，吴林生，樊娟．信息披露：政府采购腐败防治的新审视［J］．中国行政管理，2011（010）：43－47.

管理体制、政府采购规模和范围、政府采购方式、政府采购绩效评价等传统采购的研究比较深入，政府采购已经形成了一套比较完善的规范做法，无论是在理论层面还是在实践层面，已经初步形成完整的体系。二是国外学者在政府采购法律规范方面研究较多，但是针对发展中国家政府采购制度执行中的绩效与寻租问题研究并不多，特别是对政府采购制度绩效与预防寻租冲突问题研究更是少见，因而实践性与操作性不强。本书紧紧围绕政府采购制度绩效与寻租问题的主线，按照政府采购制度绩效与预防寻租冲突问题，以及如何提高政府采购制度绩效和预防寻租这一思路，对国内外理论界关于政府采购制度绩效与寻租问题研究领域的一些成果进行了系统梳理。

首先，对政府采购规模的研究是一个宏观经济领域的研究命题，事实上政府采购就涉及凯恩斯主义政府干预理论在宏观经济调控中的边界问题。政府采购范围和规模是衡量一个国家政府采购制度是否完善和健全的重要标志。政府采购的规模效率不能仅仅看采购的总量，还要看采购支出的合理性。而在一些工程类型的采购中，尤其是基础建设工程项目采购非常容易诱发寻租。通过对已有文献的梳理，可以发现理论界对政府采购规模的大小存在不同的观点，一直存在激烈的论争。结合实际，是否需要继续奉行凯恩斯主义经济学派的思想，是否有必要对如此大的政府采购工程规模进行约束值得思考。

其次，我国学者对政府采购制度绩效的研究主要集中在评价指标体系的建立和评估方法的选择上。在评估体系构建上，我国多数学者都认为不应该仅仅关注政府采购的经济影响，同时也要关注政府采购的社会影响。但是大多数研究重理论轻实证，往往只是构建评估指标体系，很少进行实证分析。其二，我国学者在关于政府采购制度促进节能环保、自主技术创新效应上也开展了相关研究，但是，现有的研究成果还不够丰富，需要进一步深化研究，以避免我国的政府采购政策功能仅停留在理论探讨上，或缺乏可操作性，或未付诸实践环节。其三，针对我国政府采购制度绩效偏低的问题分析的不够深入，例如众多学者都提出了我国政府采购制度绩效偏低，然而对于怎样衡量我国政府采购制度绩效，以及绩效低背后的深层次原因并没有深入研究。

最后，是关于政府采购制度绩效与预防寻租冲突问题的研究。我国政府采购制度实施的基本目标就是规范政府采购活动，提高政府采购制度绩效，防止寻租等违法违纪现象的发生。对政府采购寻租现象的研究，理论界研究成果比较丰硕。但是对政府采购制度绩效与预防寻租冲突问题关注较少，缺乏深入研究。特别是政府采购制度的推行，没有取得预期效果，政府采购存在的绩效偏低与寻租现象并存问题，以及寻租对绩效影响的研究比较匮乏。

第二章　政府采购的概述

中国政府采购制度的演进变迁过程较为悠久，而现代政府采购建立时间较短。我国在1996—2002年间，按照国际政府采购制度相对成熟的国家经验开始了政府采购试点探索工作，加快了政府采购活动的现代化管理进程。1996年在上海市进行试点，试运行招投标制度购买行政事业单位设备，1997年，试点范围逐步扩大，深圳、重庆、河北等省市相继展开现代政府采购制度的改革试点工作①。2003年1月1日开始实行《政府采购法》，自此我国政府采购进入了全新时期，现代政府采购活动更加规范，并以法律为运行保障机制。

第一节　政府采购相关概念界定

如前所述，本书所研究的是现代政府采购制度，故在本节，著者首先将对理论界关于本书研究对象"政府采购"的一些基本概念进行系统梳理并介绍分析，以奠定全书的研究基础和分析前提。

---

① 杨灿明，白志远. 完善政府采购制度研究 [M]. 北京：经济科学出版社，2004：109 - 121.

一、政府采购的内涵

政府采购，也称公共采购，是建立在国家和社会经济发展基础之上的。早期的政府采购行为不规范，不透明，受监督制约较少。随着经济的发展，国家越来越重视对经济的干预，政府采购规模空前发展，政府采购制度在实践中应运而生。当今世界，政府采购已成为世界各国政府普遍采用的一种公共支出的方式，但是尚未形成关于政府采购的统一定义。政府采购在世界贸易组织的《政府采购协议》中的被定义成政府租赁，购买货物、服务工程及公共设施的购买营造。我国《政府采购法》将政府采购定义为"各级国家机关、事业单位和团体组织，使用财政性资金采购集中采购目录以内或者采购限额标准以上的货物、工程和服务的行为"。马海涛和徐焕东等（2003）认为"一般可从广义与狭义两种角度来理解政府采购。从广义角度看，无论采购内容是什么，所有由政府使用财政性资金进行的采购活动，都应属于政府采购的范畴。而我国《政府采购法》中界定的政府采购是一种相对狭义的概念，广义概念上的政府采购更加符合政府采购的本质"。[①]《政府采购法》关于政府采购的界定是狭义的概念，因为它既没有包括招投标法关于工程项目的勘察、设计、施工监理以及相关的采购，也没包含公立医院药品及设备等采购。目前，国内外理论界关于政府采购的内涵界定主要持购买支出论和采购制度论两种具有代表性的观点，具体区别见表2－1。

---

① 马海涛，姜爱华. 政府采购管理［M］. 北京：北京大学出版社，2008：14.

表 2 - 1 政府采购内涵界定

主要观点 代表人物	概念界定	主要作用
RussellForbes （1929）	政府采购是在招标过程中，采购机构运用标准化程序、统一使用规范的标准，进行采购的行为	使政府采购活动程序简化，成本降低，并起到对市场进行干预的目的
A. Premchand （1993）		具体执行公共支出的管理作用，促进公共支出管理科学化
HarryRobertPage （1998）	是一种政府采购主体，以最经济的方式和程序，在进行采购前对采购计划和供应货源的研究以及采购交易后的合同进行管理的行为	促进资源的合理分配和有效利用，促进公共支出管理的科学化
边俊杰（2001）	政府采购是使用财政性资金的单位为获取货物、工程或服务等而进行采购的行为	基本实现法制化管理，兼顾政府采购经济目标与社会目标，体现充分竞争原则
杨汉平（2002）	使用财政性资金单位，根据需要采购集中采购目录以内的或者采购限额标准以上的货物、工程和服务的行为	支持采购制度论，把政府采购等同于实施政府采购制度之后的政府采购
杨灿明、李景友（2004）	是公共部门利用财政资金进行采购货物、工程和服务的行为	把政府采购等同于政府的购买性支出
钟晓敏（2006）	指各级政府在政府采购相关法律法规规定的范围内，使用财政性资金或政府借款从国内外市场上购买所需的商品、工程及服务的经济活动	支持购买支出论，把政府采购等同于政府的购买性支出

著者认为随着宏观经济的不断发展，社会环境在不断变化，政府采购的内涵也应有所拓展，本书认为：政府采购不仅是政府公共部门利用财政预算拨款和由财政资金偿还的公共借款取得货物、工程和服务的行为，还包括政府采购政策功能的实现，是政府公共管理领域一项综合性较强的制度。

二、集中采购与分散采购

集中采购是指政府通过设立专门的采购机构，集中统一负责执行政府采购工作。财政部门制定和颁布集中采购范围和目录，采购单位则按照集中采购的范围和目录，把同类的，或分散的项目委托专门集中采购机构统一采购的方式。分散采购是采购单位按照需求自行进行的采购或自主决定委托中介代理机构进行采购的模式。目前，我国把集中采购作为主要的采购方式，除此之外，还有集中与分散相结合的采购形式。

三、政府采购制度内涵

（一）政府采购制度概念

制度是人为做出的对人类行为进行某种制约的一种规则。政府采购制度就是国家为规范政府采购的程序，约束政府采购人员行为而制定的一系列制度规范的总称，从而让政府采购进入制度化和规范化的轨道，具体表现在相关法律法规的制定和实施上。政府采购制度在广义上内容包括了所有与采购活动相关的条例、规章、法律和操作办法等。我们平常所说的狭义的政府采购制度主要是指政府采购的原则和目的、政府采购的范围、政府采购的方式、政府采购的程序、政府采购的组织管理体制、政府采购的质疑和救济制度、政府采购的业绩考核和人员的培训等。

（二）政府采购制度的原则

政府采购的原则是政府采购必须遵循的基本原则，主要包括采购制度的建设、制度的执行和政策目标的制定等方面。政府采购原则为政府采购政策目标实现提供了重要制度保障。

1. 公平竞争原则

竞争性原则作为我国政府采购的基本原则，主要表现在机会均等和待遇平等上。只有通过供应方之间进行公平竞争，才能实现政府采购的政策目标。供应方之间的充分竞争，可以用合理的价格，获取优质、高效、低成本的产品、工程和服务。随着我国市场经济体制的不断完善，有效的竞争将更加普遍，促进竞争始终是完善政府采购制度的重要内容，只有充分有效的竞争，才能避免政府采购过程中的失误。

2. 公开、透明与诚实守信原则

公开透明、公平竞争、公正和诚实信用原则是政府采购法的基本要求，也是政府采购中应该遵循的核心原则。要确保政府采购在公开、公平、公正的条件下进行，各参与主体必须遵循诚实守信的原则。公开，就是政府全部采购活动向社会公开。公正、公平就是对任何部门、企业、组织、个人、供应商、所有品种都要采用相同的政策，并且要一视同仁。透明就是采购的程序和过程是公开透明化，不存在幕后交易行为。诚实守信原则是指政府采购当事人必须严格要求自身的行为，依法履行义务，讲究信誉。

3. 经济效率原则

提高资金的使用效率是《政府采购法》在第一条以宗旨的形式规定。政府采购制度的经济效率原则"是指采购主体力争以尽可能低的价格采购到质量理想的物品、劳务或服务"。① 政府采购作为政府的一种

---

① HEALD D. *Public Expenditure Martin Robertson* ［M］. Oxford，1983：88.

市场消费行为，也体现了一般市场主体的经济效率原则。一是保证采购资金按预算目标在政府采购过程中应用，提高采购资金效率。二是采购部门通过市场公开竞争，降低采购费用，在同等条件下，以最有利的价格采购到质量符合使用要求的货物和工程，或得到更有效率、更优质的服务。三是政府采购过程中政府应尽量做到透明、高效，通过规范政府部门采购工作程序提高管理效能。

4. 反腐倡廉原则

一是政府采购涉及的范围广、数量多、金额大，对于寻租行为有很大的诱惑力。为此，要在政府采购的制度制定环节，完善制度对采购的约束机制。在政府采购的整个过程中，通过制度约束，最大限度地预防违法行为的发生，并防止寻租行为的不断蔓延，严格维护法律的尊严。政府采购制度设计了广泛参与的多元监督机制，即制度上规定各参与方的责、权、利并相互制约。政府采购制度应强化制度意识，弱化"人治"行为，促进参与方依法采购，预防和遏制采购过程中暗箱操作和权力寻租等寻租现象，确保各方当事人的合法权益。二是政府采购过程中实现反腐倡廉的目标，有利于提高政府采购的公信力和政府采购制度完善。

第二节 政府采购制度变迁

一、国外政府采购制度变迁

政府采购制度产生于资本主义国家，现代意义政府采购制度从 18 世纪末 19 世纪初开始到现在已有 200 多年的历史，由于各国政治、经济、文化、地理等多方面存在差异，于是形成了各自特色的政府采购模式。政府采购制度的建立与发展大致经过了三个时期。

（一）政府采购制度初步形成时期

由于产业革命促进经济的迅速发展，政府财政收入增加和支出不断扩大，这要求不断提高资金使用效益，有力地推动了政府采购制度的形成。英国在 1782 年设立了世界上的第一个公用品采购机构——文具供应局。文具供应局从功能上已经初步具备政府采购的雏形，后来逐步发展成为专门为国家提供物资供应部门，被称为公共采购。美国 1861 年制定并通过了联邦采购法，该法对政府采购在程序和方法等方面做出了具体的规定，对政府的采购机构和采购官员进行一定的约束。根据法律法规，政府部门也制定了专门的制度，并成立了相应的机构，对政府采购实行立法管理。这一阶段，政府采购的规模较小，对经济和社会发展的影响不大，其功能主要是加强财政支出管理，仅发生在自由市场经济较发达、初步走向法治管理的几个资本主义国家。

（二）政府采购制度发展和逐步完善时期

政府采购规模与范围逐渐扩大，对经济和社会生活也产生重要影响，政府采购逐渐成为各国经济的重要组成部分。20 世纪 30 年代的经济大危机和随后而来的持续经济大萧条，政府通过扩大财政支出兴办公用事业成为政府直接干预经济的重要手段之一。与此同时，世界各国都加强了对本国经济的干预，政府采购在世界范围迅速发展起来，几乎所有实行市场经济的国家都先后建立了政府采购制度。20 世纪 60—70 年代，发展中国家开始加大基础设施建设力度和重点工业建设，实行国际招标，政府采购具有国际化的趋势，政府采购政策也逐渐成为保护民族工业重要手段。

（三）政府采购的国际化

当今世界经济的区域化和全球化进程不断加快，世界贸易日趋竞争激烈，政府采购市场范围逐步由国内市场拓展到国际市场领域。在国际贸易领域，政府采购也成为国际贸易谈判的一项重要内容。另外，政府采购鉴定的合同金额较大，需要加强管理，这对于维护政府采购国内、国际市场的稳定具有重要意义。1980 年《政府采购协议》正式生效，为各缔约国在进行政府采购时明确了各自的权利和义务。该协议第一次在法律、规则、程序和措施方面统一制定了国际标准。1996 年 1 月 1 日《政府采购协议》签订并正式生效后，各个国际经济组织和地区经济组织积极适应《政府采购协议》规定，调整和完善与之相关的贸易政策，陆续修订或制定相关的准入条款和专门的政府采购协定。

二、我国政府采购制度的引进和发展历程

随着我国市场经济的逐步建立和发展，原有的政府采购制度已不能适应市场经济体制的要求，新的政府采购制度没有随着经济发展而及时建立，导致盲目采购、重复采购时有发生，从而导致了政府采购绩效低下，采购过程中的寻租现象逐年增多。另外，由于当时信息技术条件的限制，以及分散采购模式的弊端，政府采购信息未进行统一公开，造成采购参与方的信息搜寻成本与获取成本增加，导致政府采购信息效率比较低下。为了提高财政性资金的使用效率，防止寻租行为的发生，必须完善和优化财政支出管理制度，全面规范采购程序和约束采购人员的行为，必须在全面总结国际经验的基础上，大胆吸收发达国家的成熟做法，对政府采购制度进行重大改革，建立起新型的政府采购制度。以在上海试点运行政府采购为开端，从 1996 年至 2003 年，经历了试点工作、逐步扩大与推广的过程，最终于 2003 年 1 月 1 日正式颁布实施《政府采购法》。使我国政府采购活动更加规范，并以法律为运行保障机制。

（一）我国政府采购制度的起步阶段（1995—2002 年）

1995 年我国财政支出改革的初期，政府采购制度研究仅被财政部当作一个课题研究。研究认为，政府采购在加强财政支出管理方面具有显著的作用。政府采购的运作涉及预算资金安排、国库拨款、支出管理政策等财政方面的事务，首先启动试点活动的是上海市财政局。到了 1997 年，财政部关于政府采购条例的草拟稿初步完成了，试点范围逐步扩大，并取得了良好的效果。此后，卫健委、河北省、深圳市等地区也相继进行了试点工作。从全国范围看，政府采购的效率情况较以往没有太大变化。

1998—2000 年，我国政府采购制度的建设方面取得了一定的进展。一是初步创立了采购制度。这一阶段各地采购机构基本设立，1998 年，财政部在获得了国务院的授权之后，负责"拟定和执行政府采购政策"的工作职能，在预算司设置了执行政府采购管理职能的专门机构。一些省、直辖市、自治区和计划单列市也成立了专门的机构。截至 2000 年，各地都建立了政府采购机构。二是制度建设方面。1999 年颁布的《政府采购管理暂行办法》，明确了我国政府采购试点的框架体系，试点工作全面展开。在 2000 年大部分地区都制定和颁布了地方性的政府采购管理办法。三是政府采购范围不断拓宽，采购规模也不断扩大。四是 1999 年，全国人大将《政府采购法》列入了立法规范，并把推行政府采购制度作为一项反腐倡廉的治本措施。此外，启动《政府采购协议》（GPA）的谈判工作。在 2001 年底我国已经加入 WTO，在各种条件已经成熟的背景之下，为了兑现承诺，我国对政府采购的相关立法工作开始逐步进入快速轨道。

（二）我国政府采购制度的全面推行与发展阶段（2003 年至 2013 年）

2003 年《政府采购法》的颁布，使我国的政府采购工作变得有法可依，在具体实践中必须遵守该法律的规定，改变了以往做法的随意性和不规范性，促进了我国政府采购工作的规范化和法制化，以此为转折点，我国的现代政府采购活动开始进入全面推行和发展阶段。

1. 政府采购制度体系已基本形成

我国政府采购制度建立较晚，主要是在引进西方发达国家政府采购制度以及国际组织政府采购规范基础上建立的，相关立法工作进展较为迅速。1999 年颁布实施《政府采购管理暂行办法》，2000 年实施《中华人民共和国招标投标法》，经过四年的艰苦努力，2003 年颁布了《政府采购法》，该法对政府采购做出详细规定。同年又出台专家评审以及监督等管理办法，此后几年，各种配套规章和规范性制度相继出台 40多个，加上各级地方政府颁布的地方性政府采购法规，我国已经初步形成了以《政府采购法》为基础，以其他的法律、规章和办法为补充的制度框架，使我国政府采购活动能够做到有法可依、有章可循（见表 2－2）。

表 2－2　政府采购规章制度分类统计表（2000—2012 年）

政府采购管理办法	一般采购目录	1
	公开招标信息	2
	投标方法和流程	5
	招标机构和专家评估	3
	采购资金	3
	检查交付	1
	处理拒付行为	1
国家法律和实施规则		3
采购行业条例		20
对采购寻租和不当行为的处理规定		3
合计		42

2. 初步形成了采管分离的管理体制

我国的政府采购制度实行的是管理职能与执行职能相分离的管理体制，这种体制不仅明确了政府的管理职能，即政府只负责管理和监督、采购机构只负责执行和操作，而且理顺了两者之间的工作关系，形成了两者既相互协调又相互制约的监管工作机制（见表2－3）。即财政部门是政府采购管理部门，负责制定政府采购政策，集中采购机构是具体执行采购事项的机构。逐步建立了"管采分离、机构分设、政事分开、相互制约"的工作机制，明确了管理机构、采购人和集中采购机构等执行机构的工作职责，并使它们之间的关系变得更加顺畅和合理，以便实现各部门职责清楚、工作运转协调的目标，既能加强财政支出的管理和监督工作，又能极大地提高财政资金的使用效益。

表2－3　政府采购的机构设置和权责关系

机构性质	机构名称	职责
管理机构	财政部门	负责采购政策及规章制度的制定、并对政府采购活动进行监管
执行机构	集中采购机构和社会代理机构	组织实施政府采购活动
采购人	行政事业单位、团体组织	提出采购需求、合同的履行、项目的验收
监督机构	人大、审计、财政部门	人大负责对采购预决算进行审议、审计负责事后审计、财政部门负责日常考核

3. 有效竞争的采购方式初步形成

为了促进供应商之间的良性竞争，《招标投标法》与《政府采购法》都做了明确的规定，且其中包含有多种投标方法，具体如表2－4所示。在《招标投标法》里列明了公开招标和邀请招标两种采购方式，

《政府采购法》中除以上两种方式外，还包含有竞争性谈判、单一来源采购和询价采购方式。任何项目达到公开招标规定的都应该按照公开招标程序进行招标，从而吸引更多符合标准的竞标人竞标，从中选择最优的中标人签订采购合同。邀请招标是指采购人对采购的货物标准或服务质量有特殊需求、只有个别供应商能满足需求，或者是采用公开招标方式花费占拟采购商品比重过大时使用。采购人根据要求，通过随机抽取的方式，抽取三家以上符合条件的供应商，向他们发出投标邀请书。其余三种方法属于非招标采购方法，因为所涉及的投标人数比较少，容易导致竞争不充分，只能局限在非常有限的条件下使用。

表 2 - 4　政府采购主要方式

方法	描述
公开招标	采购人在指定媒体上发布招标公告，所有符合条件的供应商地位是平等的，具有选择是否参加投标的权利，开标后从符合条件的供应商中选择条件最优的，并签订政府采购合同
邀请招标	采购人或代理机构在发出投标邀请书之前，首先对供应商的资信和业绩进行评估和筛选，从符合条件的供应商中选择三家或三家以上，并向其发出投标邀请书
竞争性谈判	采购人或者采购代理机构直接与选择的供应商商谈交易条件，根据谈判结果，择优选择最佳供应商
询价	采购人首先从符合相应资格条件的供应商中随机抽取三家以上的供应商，并发出询价单让其报价，采用最低价原则，报价最低的投标者竞标成功
单一来源	这是一种非竞争性采购方式，一般不采用，只有在特殊条件下，采购人或采购机构可以从供应商处直接购买

4. 政府采购规模迅猛发展，采购的范围不断拓宽

我国 2003 年政府采购金额在是 1659 亿元，到 2013 年已达 16381

亿元，占财政支出的比重由 2003 年的 6.7% 提高到 11.7%，占 GDP 的比重也由 1.4% 上升到 2.9%（见图 2 – 1）。从 2003 到 2013 年，每年的资金节约率都超过 10%，累计为国家节约资金 8000 多亿元（见图 2 – 2）。采购范围也由复印机、计算机、小汽车等标准通用产品扩展到工程和服务领域。

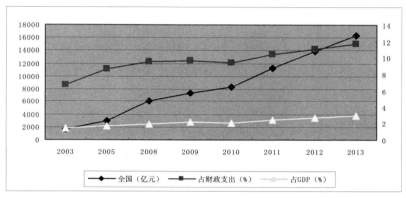

图 2 – 1　2003—2013 年政府采购规模变化情况表

数据来源：根据中国政府采购年鉴分析计算

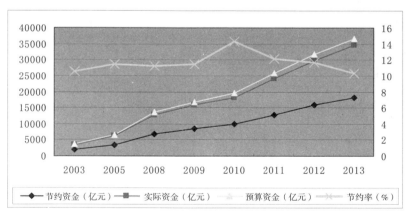

图 2 – 2　2003—2013 年政府采购资金节约情况表

数据来源：根据中国政府采购年鉴

（三）我国政府采购制度国际化阶段（2007年底至2013年）

我国在2001年加入WTO时，就已经承诺尽快启动《政府采购协议》的谈判工作，2008年2月我国就加入采购协议进行了首次谈判，协商政府采购市场开放后的具体要价。2011年1月报中央编办批准后，财政部设立了政府采购管理办公室，具体负责《政府采购协议》的谈判工作，以及制定和完善国内政府采购制度。截至2013年，我国已经第四次递交了中国的出价清单，同时，积极应对双边和多边机制下的政府采购进行磋商和交流，提高政府采购应对国际化的能力。

第三节　政府采购制度绩效与政府采购寻租概念界定

一、政府采购制度绩效概念及界定

什么是绩效？绩效一词最早由企业提出，最早用于投资和项目管理方面，后来逐步扩展到人力和资源管理等领域。普雷姆詹德是最早研究绩效的学者之一，他提出"绩效代表的是一种质量，它不是指产品质量，而是关注于效率和效益，不仅注重定量更加注重定性"。经合组织（OECD）在《绩效测量和评估》中提出，绩效是从事某项活动所获得的有效性，其中包括了项目过程的工作效率、项目结果的经济性、活动过程中投入产出行为的效力以及实施主体对实施计划的执行程度和对该活动的民众满意度。

有关绩效的概念，尚长风[①]（2003）认为：绩效的优劣是由执行相

---

① 尚长风. 制度约束下的财政政策绩效研究［M］. 北京：人民出版社，2004：173.

关政策后所产生的效果好坏决定的。彭国甫（2004）[1] 认为绩效是为了实现目标，在不同的方面做出的努力所产生的有效输出。另一种观点则是，绩效就是行为本身，方振邦[2]（2008）认为绩效应该是评价行为的过程。

潘彬[3]（2008）提到政府采购的本质是为了实现相应的社会目标和经济目标，所以政府采购绩效就应该是实现相关目标的效率和效益，代表政府采购机构为实现政府采购功能所付出的成本。周猛[4]（2012）认为：政府采购过程中的投入与产出之间的比例大小反映了政府采购绩效，它包括了采购过程的公平、执行过程的效率、投入产出间的效益、项目实施的效果等多方面的内涵。

著者认为无论是从过程的角度出发，还是从结果的角度出发，政府采购制度绩效都是要能够反映政府采购目标的实现情况和效果，即政府采购发挥功能的情况。其主要目标有：一是节资防腐，二是实现政策功能。本书所论述的政府采购制度绩效是指在《政府采购法》颁布实施以后，政府采购制度实现节资防腐与政策功能目标的情况和效果。在本书中，"绩效"有时候与"效率"概念接近，但是，"绩效"的外延要更宽泛些，有些章节"效率"与"绩效"会出现交叉使用的情况。

著者根据政府采购制度功能的不同层面表现形式，将政府采购绩效进行划分为微观经济绩效、宏观（经济）调控绩效和政策功能绩效。微观经济绩效主要包括降低采购成本，提高资金使用效率；宏观（经济）调控绩效主要包括经济总量调控、经济结构调控；政策功能绩效主

---

① 彭国甫. 地方政府绩效评估程序的制度安排 [J]. 求索, 2004 (010): 63 – 65.

② 方振邦. 构建基于平衡计分卡的政府绩效管理体系 [M]. 北京：中国人民大学出版社.

③ 潘彬. 政府采购绩效评价模式创新研究 [M]. 湘潭：湘潭大学出版社, 2008: 53.

④ 周猛. 政府采购绩效评价体系的建立与完善 [J]. 财政监督, 2012 (030): 24 – 26.

要包括环境保护、民族产业发展。

二、政府采购寻租概念及界定

寻租作为一种滥用权力的现象，广泛存在于历史上不同阶级和不同社会制度的国家之中。TANZI V. 认为寻租是"通过关系而有意的违反规则，以期从该行为中为私人或相关利益人谋取利益"①。寻租还包括任人唯亲、滥用职权等方面。另外，瑞士国际发展合作局（SIDA）认为：当个人或者组织在某个行为中依靠其特殊地位而不正当获利，且对他人或组织造成损失时，该行为即为寻租行为②。

还有一些学者认为寻租产生于权力的质变，即政府工作者非法利用自己的权限，牟取私利的行为，从寻租的主体、目的、手段和性质来定义寻租。同样，吴敬琏也认为寻租是权力与货币的交换，将寻租看成是一种设租和寻租活动③。

《牛津英语词典》中对于寻租的定义，从本质上将寻租行为与政府部门的职权相联系，因此被大多数学者所采用。白利则认为寻租代表不当使用权力以得到私人利益，这种利益包括但不仅限于金钱。许多学者使用"公共利益"一词来解释寻租的概念，即寻租是为私人利益而侵犯共同利益的行为④。从经济学的角度来看，寻租行为可以看作是一种寻租活动。寻租与寻租行为共同之处是，经济人运用公共权力积极主动

---

① TANZI V. Corruption, Arm's – Length Regulations, Markets, in Gianluca Fiorentini, Sam Peltzman, （eds） ［J］. *The Economics of Organized Crime*, Cambridge, Massachusetts：Cambridge University Press, 1995：161 – 180.

② 徐静．腐败对公共支出的影响及其治理对策研究 ［M］．北京：中国社会科学出版社，2012：27.

③ 陈可雄．预防寻租必须釜底抽薪——访著名经济学家吴敬琏教授 ［J］．新华文摘，1994（1）：25.

④ 王沪宁．寻租与预防寻租：当代国外寻租问题研究 ［M］．上海：上海人民出版社，1990：6.

的寻租和创租。寻租与寻租行为不同之处是寻租行为中除了因国家制度和法律不健全下所导致的寻租行为外，还包括一些不会抵触法律或是没有权钱交易的模式。① 虽然国内外学者从不同角度定义寻租，但实质是一致的，即滥用公共权力谋其私利，或公权力没有发挥其应有的功能，违背权力真正意图。

在现代化和社会转型的过程中，不一定会产生寻租。只有当纳税人委托国家或政府官员代理运行公共权力时，制约机制又不健全往往就会产生寻租。加上政府采购过程委托代理链过长，委托代理人之间会经常产生寻租行为。采购过程中的设租是指采购方运用其权力故意设置各种障碍，为获得非生产性利润创造环境和条件，采购过程中的寻租是指供应商为获得供应特权，为采购方谋取利益服务，利用各种手段取得供应资格。包括在合同的签订与执行两个阶段都有可能产生。因此，政府采购中的设租与寻租行为，是采购过程中并存的两个问题，政府采购中的设租过程实际上是一种采购方用权换钱的交易过程，而寻租过程则是供应商用钱换取特权，再用特权换取更多的钱的过程。政府采购是公共部门与私人部门进行交易的唯一合法途径，官员滥用权力可能性更大并且更具有隐蔽性。

政府采购中的寻租，是指在采购过程中，政府采购各参与方为了追求自身的利益，不惜损害社会公众利益，滥用职权或歪曲运用规则，通过主体双方的密切配合甚至合谋，实现金钱和权力交易的行为。政府采购制度中所指的寻租是政府采购制度的预防寻租目标，与政府采购制度提高绩效目标相对应。

---

① Word Bank. *World Development Report* 2005：A Better investment Climate for Everyone ［M］. New York：Oxford University Press，2005：40.

第四节　本章小结

　　本章首先界定了政府采购的概念，重点阐释了本书研究的核心主题——政府采购制度绩效和政府采购寻租的内涵，并根据政府采购制度功能的不同层面表现形式，将政府采购制度绩效划分为微观经济绩效、宏观调控绩效、政策功能绩效三个方面。著者在搜集相关资料的基础上，对政府采购目标和原则以及取得成就进行描述性分析，并对国内外政府采购制度变迁进行回顾，把我国政府采购制度变迁分为初步形成时期、日益成熟和完善时期、国际化三个时期。通过对政府采购概况进行分析，著者认为我国政府采购规模和范围正在不断扩大，政府采购制度也在逐步完善。

第三章　我国政府采购制度绩效分析

提高政府采购制度绩效是我国政府采购基本目标之一，然而，我国政府采购却存在绩效低的问题。本章首先对政府采购制度经济绩效优势理论进行分析，然后分析政府采购制度在实际运行中存在绩效低的问题，最后运用超效率 DEA 方法对政府采购绩效进行测算。

第一节　政府采购制度经济绩效理论分析

政府集中采购与以往的分散采购相比经济绩效显著，这些都是一般分散采购所无法比拟的。

一、政府采购制度微观经济绩效优势分析

我国政府采购存在十分复杂的委托代理，主要实行集中采购与分散采购相结合的采购模式。集中采购的主体是各级财政部门，分散采购的主体是各级行政事业单位。在我国传统的分散采购模式下，纳税人与政府采购人员之间共形成六级代理关系。

（一）分散采购中的委托代理关系

在传统分散采购模式下，运用财政性资金进行采购所涉及的关系人主要有：纳税人、各级政府、各级财政部门、主管部门、行政单位和事业单位、单位采购机构、单位采购人员和供应商。上述关系人构成六级委托代理链。

分散采购模式下各参与方形成六级委托代理链，具体如下：

1. 纳税人交税以后，将公共资金通过法律程序委托给各级政府，形成纳税人与政府第一级委托代理关系。

2. 政府与财政部门之间是第二级代理关系。各级政府不直接参与政府采购，而是通过职能划分将其委托给财政部门。

3. 财政部门与主管部门形成第三级委托代理关系。各级财政部门只负责编制预算，行使对资金的监督权，而将具体的采购权委托给各主管部门。

4. 主管部门把拆分后的采购预算委托给下属各单位，并对采购资金进行监督考核。因而，形成了主管部门与各行政事业单位第四级委托代理关系。

5. 行政事业单位与本单位采购机构是第五级委托代理关系。各采购单位又将具体采购事项委托给单位的采购机构。

6. 单位采购机构与具体操作的采购人员是第六级委托代理关系。通过岗位职责分工，采购机构将采购权利委托给具体的采购人员，由其与供应商具体商谈采购事宜。

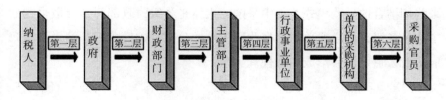

图 3-1　分散政府采购中的委托代理关系

（二）集中采购下的委托代理关系

在集中采购模式下，在分散采购模式中的关系人构成四级委托代理关系。

1. 纳税人将采购资金委托给各级政府，这样形成了第一级委托代理关系。

2. 各级政府按照政府组成部门职能划分，将财政管理委托给财政部门，形成第二级委托代理关系。

3. 各级财政部门将具体采购职能委托给政府采购代理机构，将人大批准的采购预算分批委托给采购代理机构，财政部门负责政府采购监督管理。因而，形成了财政部门与采购代理机构第三级委托代理关系。

4. 采购代理机构委托政府采购官员具体执行政府采购活动。从而形成了政府采购代理机构与政府采购官员第四级代理关系。

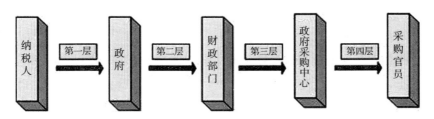

图 3 - 2　政府集中采购委托代理关系

（三）集中与分散相结合采购模式下的委托代理关系

我国集中采购目录范围以内的采购，采取的是集中采购代理链模式，在集中采购目录范围以外各单位的零星采购，采取的是分散采购代理链模式。由委托代理理论的可知，委托代理链越长政府采购运行效率越低。集中采购与分散的政府采购相比，集中采购的委托代理链条比分散采购委托代理链缩短，分散采购委托代理链复杂并且较长势必会造成大量的道德风险和逆向选择问题。因此，采用集中采购更具效率。

在分散采购模式下，实施成本等交易费用大为增加，造成了大量的浪费。政府集中采购制度对采购的方式与采购的范围有明确的法律规定，主要采用公开招标、邀请招标、单一来源、竞争性谈判、询价等采购方式，特别是批量集中采购的实施，充分发挥了规模效应，不仅提高了财政资金的使用效益，而且充分发挥了集中采购机构的作用，扩大了政府的采购规模。由于政府采购大量的货物、工程和服务都实行政府集中采购，不仅能吸引厂商直接参加投标，减少中间环节，获得价格和售后服务上的优惠，而且可以使政府机关、事业单位减少采购岗位，压缩部门、单位相应人员的费用支出，降低采购成本，节约财政资金。

二、政府采购制度宏观（经济）调控绩效理论分析

（一）政府集中采购规模绩效优势分析

1. 政府采购规模的效率分析

经济学家帕累托给出了"帕累托效率"的经济学含义及社会标准。帕累托最优是指当资源配置处于最佳状态时，全社会的福利也达到了最优状态，任何试图改变这种最佳配置状态的行为，就会使部分社会福利下降或至少让部分人群的利益受损。

政府采购的资源配置优势是指通过政府采购的实施、导致资源产生高效的再分配。政府采购的资源分配效率应以提高资源再分配为目标，无论何种政府采购政策目标，都应以资源配置效率的提高为前提，其评判的标准应以帕累托最优为标准。由于资源的稀缺性，合理配置社会资源变得尤为重要，必须做到使全社会资源生产总量与使用总量平衡，资源的生产结构与需求结构一致，才能确保资源配置达到帕累托最优状态。

根据经济学相关原理，帕累托最优需要一个理想化的市场条件，就是完全竞争的市场环境。然而在现实生活中，由于市场不完全性，导致

帕累托最优无法实现。但帕累托效率是我们追求的目标。如果欲通过政府采购去实现资源配置的效率，其预期效益大于成本是其实现的必要条件。此外，还有两个充分条件是现有的生产要素存在剩余情况，还没有被完全利用，现有资源利用的结果产值最高。我们运用边际检验法，检验社会净效益是否处于最大化状态，采用边际社会效益等于边际社会成本作为指标。图3-3就是总净社会效益最大化的情形，边际社会效益曲线 D 是向下倾斜的，得出边际效用随着产出数量 Q 的增加而递减；边际社会成本曲线 S 则是随着边际成本产出数量 Q 的增加而上升。当边际社会效益曲线与边际社会成本曲线相交于 E_0 点时总净社会效益最大。在 E_0 点之前，边际社会效益大于边际社会成本，两者之间的差额为正，每增加一个产出单位，其净社会效益是正数，使得总净社会效益会增加；超过 E_0 点之后，边际社会效益小于边际社会成本，每增加一个产出单位，其净社会效益是负数，使得总净社会效益减少。用 Q' 表示总净社会效益最大化的产出水平，其对应的价格水平为 P'，在分散采购状态下，生产因素未被充分利用，资源没有达到最优配置，导致均衡点偏离效率最大化的 E_0 点。

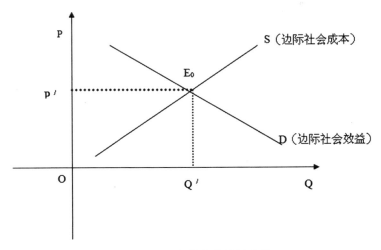

图3-3　总净社会效益最大化

　　政府采购制度的实施，引进了采购竞争机制，消除了分散采购存在的弊病，政府集中采购能够使政府采购规模和支出都达到最优化，需求曲线 D 更接近边际社会效益的正确度量，供应曲线 S 更接近边际社会成本的正确度量，均衡点向 E_0 点靠近，最终在 E_0 点形成资源的最佳配置，实现了采购效率的最大化。

　　2. 政府集中采购与分散采购的优势比较

　　集中采购与分散采购各自效率和造成的福利损失是不同的，对公共政策实质效率的比较，可以从政府集中采购和分散采购下的生产者、消费者剩余进行比较分析中得出，也可以从生产者剩余和消费者剩余角度分析出政府集中采购是一种帕累托改进。但是，如果采购一些零星货物或临时进行采购，分散采购则具有优势，在一定程度上克服了集中采购滞后性及反应速度慢等缺陷。由于信息缺乏和信息不对称，一些部门可以隐藏许多采购计划的成本。实行政府集中采购以后，原来分散的政府采购活动，必须按照统一的方式，遵循一定的法定程序，在市场上公开进行，这样就有条件对各种预算编制进行细化管理，财政部门也可以对各种采购资金加强监督管理，管理范围可以从价值领域延伸到实物领域。政府采购制度不仅能对采购各方执行法律、法规和政策进行监督，而且还能对采购过程以及后续验收情况等方面进行有效的监督。政府集中采购是通过公开招标的方式进行采购，采购程序向社会公开，公众很容易获得充分的信息，通过比较可以选择最优的方式进行采购，也可以监督各单位的采购预算，对不合理的采购需求加以限制，并对采购的全过程实行监督，促进采购绩效的提高，最终实现全社会经济福利的改善。

　　（二）政府采购的乘数效应

　　所谓"乘数效应"，是凯恩斯用来研究投资变动对国民收入成倍增减影响的概念。政府采购需求的乘数效应也是用来描述政府部门因增加政府采购支出而引起的连锁反应，最终使国民收入成倍增加，其乘数效应值为国民收入变动额与采购支出变动额之间的比例。政府采购的乘数效应运行机理为：根据凯恩斯的三部门经济模型，社会总需求由居民消费、居民投资和政府购买支出三部分构成，用 Y 表示国民收入，C 为居民消费，I 为居民投资，G 为政府采购，则 $Y = C + I + G$。又假设 a 表示居民自发性消费，b 表示居民的边际消费倾向，政府税收是按固定比率 t 向总收入 Y 征收，那么，消费需求可以表示为 $C = a + b（1 - t）Y$，则

$$Y = C + I + G = \frac{1}{1 - b(1 - t)}(a + I + G)$$

政府采购的乘数效应值即为：

$$K_G = \lim_{\Delta G \to 0} \frac{\Delta Y}{\Delta G} = \frac{1}{1 - b(1 - t)} \tag{3.1}$$

由于 $0 < b < 1$、$0 < t < 1$，因此，政府采购的乘数效应值始终是一个大于 1 的数。这表明在一个封闭的经济环境中，当政府的采购增加一个单位，它能引起均衡的国民收入增加 $\frac{1}{1 - b（1 - t）}$ 倍。

政府采购的乘数效应表明，通过调整政府采购总量来调节社会总需求，可以促进全社会总供给和总需求的平衡。当社会总需求小于社会总供给时，这时政府通过扩大政府采购的规模，提高社会总需求的水平。反之，如果经济处于繁荣阶段，这时候社会总需求大于社会总供给，政府则可以通过缩减政府采购需求的规模，减少社会的总需求。政府采购具有收效大、时滞短的特点，可作为一种相机抉择的财政措施。

三、政府采购制度政策功能绩效优势分析

政府采购是一项政府活动，故从公共政策学的角度讲，政府采购制度也属于公共政策，因此，政府采购制度要充分体现出公共政策的公共利益或公共目标导向。从政府采购角度看，政府采购除满足其基本需求目标外，还需要赋予一定的公共政策目标，使政府采购发挥出更多的政

策功能。

（一）保护民族产业、促进中小企业发展

由于我国民族产业和中小企业实力相对较弱，在政府采购竞争中处于不利地位，为保护民族产业和促进中小企业发展，根据国际相关协定并结合我国实际情况，在不违背协定的情况下，实行购买国货等优惠政策，保护和扶持民族产业和中小企业的发展。目前，世界各国政府都普遍重视公共利益，在政府采购制度中也更加倾向于保护民族产业。通过政府采购购买国内优质产品，不仅有助于扶持民族工业，带动本国经济的发展，也能增加本国的就业岗位，扩大就业，提高社会福利保障水平。

（二）扶持和促进不发达地区和少数民族地区的经济发展

在世界各国之间、各地区之间，经济发展的水平并不相同。但在一个国家内部，地区之间的经济发展不平衡则会引发很多社会问题，是各国政府都比较重视的问题。我国各地经济发展的不平衡，容易引发经济和社会问题，因此，我国在经济发展的过程中必须正确处理这一问题。政府采购制度的推行可以成为解决这一问题的途径。政府采购在实施过程中，通过制定优惠的政策措施，适当放宽对经济落后地区的供应商的评选条件，提高不发达地区的中标比例，例如评标时在价格上给予优惠，采购产品向不发达地区倾斜，增加落后地区政府采购数量，带动落后地区经济进一步提高。

（三）保护公共环境

如果政府在采购时，对所采购的项目设定有利于环境保护的指标和要求，间接地引导企业重视环境保护。因此，政府采购在选择采购对象时，应该排除对环境污染和危害较大的产品，对不符合规定指标和要求的产品不得采购，以引导公众提高环境保护意识。此外，对于被认定是污染严重的产业，在限期改正之前，政府采购将不采购其生产的产品。对于一些保护环境优秀的企业，政府应通过提供商业机会鼓励和支持这类企业继续加强环保。

第二节　政府采购制度在实际运行中绩效偏低的描述性分析

我国政府采购在实践中侧重于加强对财政支出管理和资金的节约，在工作中片面强调采购任务的完成，不重视采购效益的分析评价。另外，政府采购规模占财政支出的比例和占 GDP 比例较低，并且支出结构不合理，制约了我国政府采购节资防腐的基本功能发挥。加上大量的财政支出并未通过政府采购这一制度，那么通过政府采购制度提高财政资金的使用率和监督购买公共产品和公共服务的过程就无从谈起。

一、政府采购制度微观经济绩效偏低

政府采购资金使用效率，可以指工作量与工作时间的比率，或每一单位资金投入所获取的实物价值；也可以用资金节约率来表示，使用同样的多的资金，取得比市场平均价低得多的实物；或者说，获取同样的实物，花费更少的资金，资金使用效率就高。

（一）程序复杂、效率低下

我国的政府采购在许多环节上仍然存在许多问题，如在申报时，申报表格栏目过多；在审批时，审批环节过多、审批时间较长、审批程序复杂等问题；在采购环节存在采购资金的申请与拨付不够顺畅，采购周

期长等问题。上述问题影响着政府采购效率的提高，导致资金运营效率低下。因此，提高政府采购微观效率仍然是政府采购的工作的一项重要任务。个别地方的政府采购机构以加强管理为借口，随意增加审批部门和审批环节，导致采购周期延长。关于政府采购的实施细则越来越细、程序越来越复杂，针对某些失范采购行为的规则"补丁"越打越多，甚至矫枉过正，使得采购机制越来越僵化。国务院发展研究中心问卷调查显示，60.8%的受调查机构认为，政府采购整体效率低下，有近60%的采购人认为效率低下是政府采购的最主要问题。

采购单位根据全年预算编制并填报政府采购申请表，经单位领导签署意见后送财政部门；财政部门相关处室接到政府采购申请表后，进行资金审核，落实采购资金情况，资金到位后实施；财政部门根据采购单位采购的项目需求，拟定采购形式和采购方式，按照规定需要集中采购的提交到采购中心执行。集中采购机构组织市场调查、论证、制作标书、信息发布、实施采购活动；成立评标小组、组织供货单位进行投标；根据投标结果签发中标通知书，发布中标公告；组织采购单位与中标单位签订供货合同；采购中心与采购单位按政府采购申请表和供货合同，组织有关人员对采购项目进行验收；验收合格后，验收单交中标单位报送财政业务处室；财政业务处室凭供货合同、验收单向中标单位支付贷款。

政府采购程序在制定时仅仅考虑到事与人两个因素，没有考虑"时间与标准"。程序要发挥应有的功效，必须考虑"时间与标准"，因为，时间代表效率，标准代表质量。只有两手齐抓，才能达到最佳的采购目的。

（二）公开招标采购规模大、效率低

自 1998 年以来，我国每年都会进行招标工作。在 2002 年，公开招标采购的金额仅为 485 亿元，占总规模的 48.04%；到 2013 通过公开招标完成的政府采购金额为 13645.8 亿元，占采购总规模的 83.3%（见图 3－4），公开招标方式已经占据主导位置。公开招标的比重不断增加且占据绝对优势，表明我国财政部门履行《政府采购法》认真到位。公招标采购方式已成为我国政府采购的主要方式，促进政府采购制度的公平、公正和公开的进行，但是，按照公开招标的程序完成一项采购任务，最快的速度需要四十多天，有的长达半年以上，效率偏低。

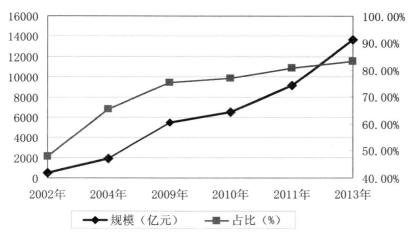

图 3－4　全国公开招标规模及占政府采购总规模比例

图 3－5 为采购招标流程图，这个流程图反映出公开招标的方式，明晰地表示出招标过程的各个环节。如果采用邀请招标方式，在发标与投标环节，相对会简单些。招标采购的流程主要有：

1. 发标与招标。首先，发标方根据采购需要制作标书，经过审批之后，将标书上传到相应的公开渠道，发布标书及招标公告，以便能够查阅到这个公告，具备资质的投标方下载标书，制作投标文件并提交完成的标书。根据招投标法管理规定，自招标文件开始发出日起至投标人提交投标文件截止日止，最短不得少于二十日，资格预审公告时间必须有七个工作日。

2. 开标、评标与中标。标书提交之后，发标方从专家库里随机抽取相关方面的专家，组成一个评审小组，防止利益冲突。之后是开标，按照确定的标准评标。选择最符合条件的供应商中标，然后在公共媒体公示，最后向中标方发出中标通知书。中标公告发布也要有七个工作日，招标人和中标人应在中标通知书发出之日起三十日内订立书面合同。最后中标人开始实施合同。

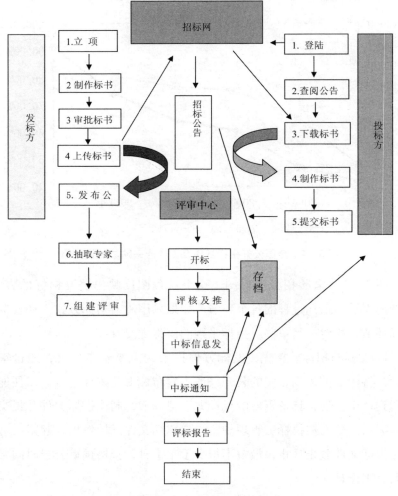

图 3-5　采购招标流程图

采购单位通过编制采购计划、办理采购计划、选择代理机构、编制与发布招标文件及公告、召开招标会、公示预中标结果、签订采购合同等程序，一般需要四十天左右的时间。如果在招标采购过程中出现进口商品需要审批，供应商提出质疑，以及流标、废标和重新招标等情况，时间会更长。如果是邀请招标，除公开招标流程外，还要增加七个工作日资格预审时间。因此，有的项目采购需历经半年甚至一年以上。

（三）批量集中采购周期长、效率低

批量集中采购是对一些便于归集的采购品目，采购人按照规定标准把采购需求归集后交由集中采购机构统一组织采购的一种采购模式。现行批量集中采购的组织程序可分解为：中央预算单位逐级上报采购计划、中央部门汇总计划到财政部、财政部委托集中采购中心实施、供应商与中央单位供货验收五大部分，具体程序如图 3－6 所示。

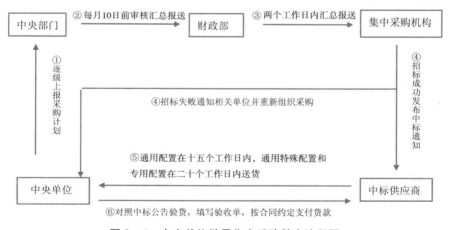

图 3－6　中央单位批量集中采购基本流程图

在批量集中采购模式下，采购单位通过采购计划申报和审批、招标采购、履约执行等系列程序。由于批量集中采购需要在全国人大批复中央预算后才能实施，人大批复中央预算在每年的 3 月份，那么批量集中采购一般在 4 月份才能上报当年的采购预算。一些中央单位级次多，达到五级或六级。基层采购单位上报采购计划从报送采购计划到收到产品，从基层上报到财经部的采购计划一般至少需要两个月时间，收到采购商品一般需要六个月以上。中央采购单位遍布全国各地，有些单位地处偏远，厂商尚未建立起完全适应批量集中采购的配送体系，配送过程中配送不力也会影响政府采购的效率。

中央预算单位按照批量集中采购管理办法的要求，应在当月 5 日前向财政部报送本部门汇总批量集中采购计划，并规定集中采购机构如若使用公开招标或询价等方式进行采购活动时，应在二十五个工作日内完成。集中采购机构按照采购文件相关规定，督促供应商在二十个工作日内将中标产品送到中央预算单位指定地点。管理办法虽然规定集中采购机构在二十五日内完成采购工作，但没有对采购计划的上报到开展采购做出具体时间规定，假如第一次招标或询价采购失败，需要重新公开招标的，很难在二十五个工作日内完成多次招标。批量集中采购效率偏低对一些货物，如监控设备的使用效果，这些货物更新换代很快，低效率造成采购到的货物已淘汰，实际上形成了很大的浪费，这与政府采购制度节约的初衷相左。

（四）政府采购"质次价高"，资金使用效率低

经济效率，一般意义上可以用费用与效用的比率来表示，即采购成本与采购资金所产生的效用的比值，如果能用尽可能少的采购投入获得尽可能多的采购产出，则意味着经济效率高。节支率 = 市场价 – 实际政府采购金额/市场价 = 1 – 实际政府采购金额/市场价。2003—2013 年，"质次价高"的问题在政府采购中比较普遍。质量次，是指采购物品的质量达不到正常标准，价格高是其采购价格高于正常的市场价格，或者是政府采购质量与其价格和适用需求之间进比较，达不到物有所值的效果。

从市场常理来看，政府采购因需求量大，通常都是以批量采购的形式来进行，集中采购"批发价应该低于零售价"，更何况《政府采购法》对采购方式、采购程序、采购合同履行等有一整套完备的规定，其中第 17 条就明确指出"集中采购机构进行政府采购活动，应当符合采购价格低于市场平均价格、采购效率更高、采购质量优良和服务良好的要求"。[①] 在具体的采购实践中，我国政府采购的商品价格通常都会高于市场的平均价格，"只买贵的不买对的"大行其道，"天价采购"时有发生。例如，湖南省政府某部门以"预算执行的需要"为理由，以 3000 万元购买市场价值 1500 万元的商品；中国科学院空间科学与应用研究所竟用 6247 元的高价购买打印机内存条；黑龙江省公安厅采购了超过 4 万元的高价笔记本电脑；湖北省黄石市食品药品监督管理局以每套 3266 元的"天价"采购了制服；铁道部采购的动车整体卫生间花了三四十万，制作的中国铁路宣传片竟投资了 1850 万元等。林林总总的天价采购不时被曝光，却又屡曝屡现、屡禁不止。中国社会科学院法学研究所 2013 年 3 月 22 日发布的《中国政府采购制度实施状况调研报告》的调查显示，部分地方政府在采购办公用品过程中，近 80% 的办公用品高于市场价格，有 56.1% 的商品高于市场平均价 1.5 倍，部分商品甚至高于市场平均价的 3 倍以上。

实行政府采购的目的是为了提高财政资金的使用效率，在节约采购资金的同时，还要保证采购产品的质量符合要求。但采购中"只买贵的，不买对的"等无形的潜规则，助长了政府采购的随意性和任意性，难免出现"天价采购、豪华采购"，导致资金严重浪费。然而，高价采购并没有带来采购项目的高质量，反而形成"劣币驱逐良币"的结果，即恶意履行合同等供应商进入市场、获得订单的机会，好的供应商则被淘汰出去，最终造成价高质次的结果。

---

① 见《中华人民共和国政府采购法》第二章《政府采购当事人》第十七条。

二、政府采购制度宏观（经济）调控绩效偏低

从宏观角度来看，评价政府采购资金的使用是否有效率，主要从政府采购对全社会的国民生产总值增长产生主要的刺激和诱导作用来衡量，具体体现在对宏观经济增长的贡献量上。

（一）政府采购支出规模不合理、影响采购效率

政府采购范围和规模是衡量一个国家政府采购制度是否完善和健全的重要标志，直接反映政府采购制度发展的广度和深度。没有一定的规模，其制度的优势、政策目标、规范管理等都将受到制约，更谈不上又好又快发展。政府采购的规模效率是指用于政府采购资金的规模必须与社会总资源中能够配置于政府采购方面的客观资源比例一致，也就是客观资源对政府采购资源的一种客观限量。政府采购规模效率是政府采购效率中一个重要的表现形式，因为它反映政府用于采购的资金规模是否适度或最佳。同时，政府采购规模效率作为政府采购效率的有机结构的一部分，其水平如何，将直接影响和制约政府采购运行效率水平，进而影响和制约总体政府采购效率水平。

衡量政府采购规模的效率主要有两个方面的指标：一是政府采购额占全国 GDP 的比重，二是政府采购金额占全国财政支出的比重。根据西方发达国家的经验，在政府采购制度比较成熟和完善的情况下，若政府采购资金占 GDP 的比重在 10% ~15% 范围内，政府采购支出占财政总支出的比例在 30% 左右，则有利于发挥政府采购的规模效率。如美国政府采购支出约占 GDP 的 20%，欧盟大致为 14%，日本为 10%，在东亚国家中，政府采购占 GDP 的份额不等，但大体均保持在 5% 左右。我国法律规定的政府采购范围是国家机关、事业单位和社会团体使用财政性资金的购买行为，采购范围比国际窄，规模总量占 GDP 的比重也较小。目前，欧美发达国家政府采购范围非常宽泛，采购规模一般占

GDP 的 15%～20%。我国政府采购金额从 2003 年 1659 亿元起步，到 2013 年达到 16381 亿元，占财政支出的比重也相应由 4.6% 提高到 11.7%，占 GDP 的比重也由 1.4% 上升到 2.9%（见图 3－7，表 3－1）但是与其他国家相比相对规模较小，影响采购的效率。

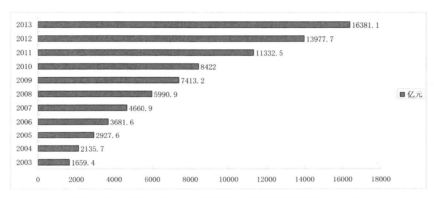

图 3－7　2003—2013 年我国政府采购规模增长情况走势
数据来源：中国政府采购网

表 3－1　2003—2013 年全国政府采购规模变化情况表

	2003	2005	2008	2009	2010	2011	2012	2013
全国（亿元）	1659	2928	5991	7413	8422	11332	13978	16381
占财政支出（%）	6.7	8.6	9.6	9.7	9.4	10.4	11.1	11.7
占 GDP（%）	1.4	1.6	1.9	2.2	2.1	2.4	2.7	2.9

数据来源：根据政府采购网数据计算。

政府采购的规模效率不能仅仅看采购的总量，还要看采购支出的合理性。在加快社会主义市场经济建设进程中，地方政府逐渐成为具有自我利益的利益主体，具有强烈的发展地方经济的积极性，在这种市场环境下，地方政府热衷于投资建设，随着改革的深入推行，地方政府也逐步形成了自身利益、辖区利益，一些地方政府官员更存在自身的政绩利益，于是地方政府的投资规模越来越大、上马的项目越来越多①。特别以 GDP 为中心的政绩考核理念长时期指导着地方政府官员开展各项工作，在任期政绩驱动刺激下，地方政府官员还会主导大量兴建超出自身能力和实际需求的政府工程项目，以满足其晋升的需要。因此，就当前我国现状来看，政府采购宏观需求规模还受到多种因素的影响，以致一些不合理、不理性的政府采购支出的形成，影响我国政府采购资金的使用效率和宏观经济的运行效率。

2013 年，我国正在进行加入《政府采购协议》（GPA）的谈判，在《政府采购协议》下，一国在开放本国政府采购市场的同时，该国企业也会有机会参与到 GPA 成员国政府采购市场的竞争当中。但 GPA 成员国的政府采购范围比我国《政府集中采购目录》要广泛得多，它几乎涵盖了最低限额以上的所有政府性支出的货物、服务和工程项目。由于当前《政府采购法》和《招投标法》的并存，我们很难准确测算出当前我国政府采购的实际发生规模。那么，在 GPA 规则口径下，我国相当部分政府采购项目未被纳入政府采购制度的范围内，我国实际政府采购规模在总量上将比现在要高，占财政支出和 GDP 的比重也将会提高，政府采购市场也必然会扩大。

（二）资源配置效率低

政府采购的资源配置效率指政府采购的实施、导致资源产生高效或低效的再分配。在现代市场经济阶段，由于市场失灵，实施市场经济国家的政府越来越重视对经济进行干预。建立政府采购制度是运用财政杠杆加强宏观调控的需要，但政府采购政策在我国实施以来其资源配置的优势尚未得到充分发挥。

---

① 崔光庆. 加强对地方政府投资行为的约束［N］. 学习时报，2000 - 01 - 11（004）.

一方面因政府采购规模与范围的限制，政府采购很难利用支出资金对宏观供需结构、产业结构以及经济落后地区和中小企业等进行全面调控。以政府采购对中小企业的扶持为例，截至 2011 年，我国企业总数大约有 5000 万家，98% 以上的企业都是中小型企业，中小型企业能够提供 85% 的新增职位，占社会零售额的 59%，缴税额占全国税收的 50.2% 以上，占全国 GDP 的 60% 左右，但由于我国中小企业参与政府采购的数目占全国总数比例偏低，使得多数中小企业难以享受到政府采购所带来的商机，难以发挥其调节收入差距的效应。二是采购结构不尽合理，难以发挥经济效益。虽然政府采购的范围和规模近年来不断地扩大和发展，在工程、商品、服务等领域都得到了一定程度上的提高，但三者的发展并不十分均衡。工程、商品类采购发展很快，服务类采购发展较慢。工程类和商品类采购占据了政府采购规模的大部分，服务类采购规模很小。研究 2003 年至 2012 年，我国的政府采购类别组成，发现长期以来，采购服务的比重都在 10% 以下。尽管 2012 年政府采购服务类的规模已经超过 1200 亿元，同比增速高达 36%，但是不可忽视的一个事实是，政府采购服务类比重依然偏低。

表 3 - 2　我国政府采购结构构成情况

年份	采购规模			工程规模		货物规模		服务规模	
	全国（亿元）	中央（亿元）	地方（亿元）	金额（亿元）	占总规模比重（%）	金额（亿元）	占总规模比重（%）	金额（亿元）	占总规模比重（%）
2003	1659.43	262.84	1396.59	647.18	39.00%	902.73	54.40%	109.52	6.60%
2004	2135.72	293.41	1842.31	939.72	44.00%	1046.50	49.00%	149.50	7.00%
2005	2927.57	407.77	2519.80	1323.15	45.20%	1408.66	48.12%	195.75	6.69%
2006	3681.61	470.66	3210.95	1763.91	47.91%	1647.39	44.75%	270.30	7.34%
2007	4660.87	473.50	4187.37	2330.64	50.00%	1973.28	42.34%	356.94	7.66%
2008	5990.88	589.80	5401.08	2978.35	49.71%	2559.21	42.72%	453.31	7.57%

年份	采购规模			工程规模		货物规模		服务规模	
	全国（亿元）	中央（亿元）	地方（亿元）	金额（亿元）	占总规模比重（%）	金额（亿元）	占总规模比重（%）	金额（亿元）	占总规模比重（%）
2009	7413.20	620.60	6792.60	3858.40	52.05%	3010.60	40.61%	544.20	7.34%
2010	8422.00	566.90	7855.10	4536.60	53.87%	3176.30	37.71%	709.10	8.42%
2011	11332.50	685.33	10647.17	6614.30	58.37%	3829.60	33.79%	888.60	7.84%
2012	13977.70	784.10	13193.60	8373.50	59.91%	4390.30	31.41%	1214.00	8.68%

数据来源：2003年至2013年中国政府采购年鉴。

由表3-2可知：我国政府采购规模由中央政府和地方政府组成，地方政府的采购规模则远大于中央政府；在实行现代政府采购制度的初期，具体到政府采购结构构成上，货物采购规模最大，工程采购规模次之，服务采购规模最小，随着政府采购制度逐步健全和完善，越来越多的工程项目被纳入政府采购范围，工程采购规模逐渐成为主导，货物采购规模次之，服务采购规模则最小。

以2012年与2013年比较为例，如图3-8所示，2013年与2012年相比，政府采购在工程、商品、服务领域都得到了长足的发展，并且在此之中，服务类采购增长速度最快，2013年同期增长了26.4%，但服务类采购基数小，采购规模发展十分不均衡。

我国的政府采购中存在着严重的地区发展不均衡的问题。东部发达地区的政府采购规模与中西部欠发达地区政府采购规模在整个政府采购的规模中占据比例及其不均衡。以2013年为例，2013年的政府采购中，广东、江苏、山东的采购规模分别为1704亿元、1677亿元、1248亿元，而西藏、陕西、甘肃的政府采购总和为424亿元，以图3-9饼形图来说明，东西部地区政府采购规模占比重十分不均衡。

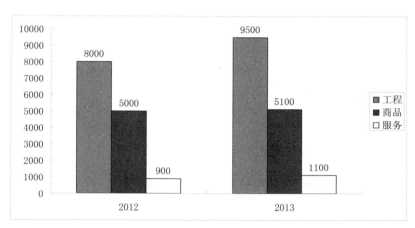

图 3 - 8   2012 年、2013 年政府采购分类对比图

数据来源：中国政府采购网

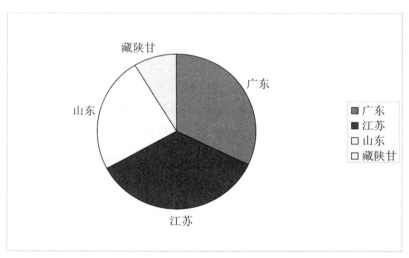

图 3 - 9   2013 年东西部地区政府采购规模对比图

数据来源：中国政府采购网

从以上分析可以看出，政府采购的规模大小在一定程度上决定了政府采购的效率，采购种类和地区发展很不均衡，进而影响政府采购的资源配置效率。

三、政府采购制度政策功能绩效低

政府采购的公共性、行政性及经济性，除了能够规范资金支出、节约财政资金之外，还具有实现国家经济和社会调控目标的功能。实践中政府采购的政策功能发挥不够充分，影响了国家特定目标的实现。

（一）节能环保产品的采购需要进一步加强

一是缺乏完善的节能产品认证管理制度。产品认证的清单无论是发布环节还是执行环节都存在问题。首先没有规律和法定的时间来公布产品认证清单，这就造成信息流通不畅；其次，在执行清单时，由于协议供货所需的时间较长，会出现采购完成时，清单已更新，地方政府采购中心只能重新采购的现象。二是认证环节也同样存在问题。认证不够严格，认证的型号和市场型号不符，认证能效等级过少和认证门槛过低，这些制度上的原因导致了现有政府采购发挥支持节能环保的政策功能效用大打折扣。三是节能认证范围太过狭窄。我国政府采购除了要按照《政府采购法》之外还要遵循《招投标法》，从而导致大量的工程没能纳入节能认证。同时，研究各省的采购清单的品目，不难发现各省政府采购的节能环保产品都是空调、节能灯等，这些多附属于工程的货物采购，并没有实施政府采购制度，没能落实清单管理的要求。要提高政府采购支持节能环保产品的作用，必须将节能产品认证范围扩大到政府采购的主要领域。四是我国目前缺乏明确合理的政府采购绩效评价标准和政策目标。有关节能环保产品的采购都一味追求价格低廉，这就从很大程度上导致了大量的节能环保产品采购项目不能通过审批，进而影响了支持节能产品进入政府采购领域从而促进我国节能环保发展的政策执行效果。另外，我国目前仍旧存在政策目标冲突的问题，众多的政策目标使得本就不多的预算不知该用向何处，到最后导致没有明确的政策目标规划，致使政府采购要完成各种使命，到最后却影响政策目标的完善执行。

（二）政府采购扶持中小企业还有待完善

中小企业的繁荣发展有利于创造更多的就业岗位，西方发达国家把促进中小企业的发展视为促进经济发展的重要办法。各国都相继出台了扶持中小企业的办法和法律。目前我国在中小企业的城镇就业人员比例大概占 80%。当前我国提出新型城镇化，而中小企业的发展有利于城镇化进程。尽管在 2003 年，我国就颁布和实施了《政府采购法》，并且在第 9 条还明确规定了促进中小企业发展是我国政府采购的一项重要政策性目标。但是，我国始终未出台相关的具体办法和措施，也使得我国政府采购在促进中小企业发展中无章可循。表面上看，2012 年政府采购合同授予中小企业获得的总采购额高达 10830 亿元，占当年政府采购总规模的 77.5%。然而不可忽视的事实是，在实际操作执行中惠及中小企业的比重还有待提高。例如，由于中标成交的企业多数都是知名品牌产品（计算机、打印机、汽车等）的代理销售商，名义上都是这些中小企业拿到了大多数的政府采购合同，但是这种结果导致实际上受惠的是知名品牌的大型企业而并非数据上体现的生产制造类的中小企业。之所以出现这种情况，原因是政府在对供应商的选择上倾向于选择大型企业，总认为中小企业整体实力、技术水平和供应能力较差，这种歧视使得中小企业供应商难以获得平等参与竞争的机会。即使有些中小企业供应商能够参与竞标，但经常沦为大型企业的陪衬。尤其在政府的大工程项目的采购招标中，很难看到中小企业的身影，基本上都是被大型企业所获得。最后，中标的大型企业会采取分包的方式，将承接的标的工程分包给中小企业，就是说做事的是中小企业而获利的却是大型企业。而且我国的工程招标侧重事前审查，即关注企业的规模和资质，却缺乏事中和事后监督。这种本末倒置的做法，不利于构建公平的政府采购市场环境，也不利于支持中小企业的政策目标的实现，同时也给工程建设埋下了隐患。

（三）政府采购政策目标不够清晰

我国政府采购制度建立初衷就是通过规范的程序，加强采购过程的监督和管理，从而达到节资防腐的作用。随着制度的发展和完善，特别是相关政策功能的补充，有关制度的公平性和公开性的要求也渐渐被学者和有关部门提出。如何完善我国政府采购制度，如何有效地持续地推进相应政策功能的发挥成为当下需要解决的问题。当然，任何制度的建立到完善都需要一个坚持不懈的过程，都是从无到有，从有到好。2003—2013 年我国的相关立法都停留在基本的原则层面，从具体的执行和实施上并未做出具体安排，也缺乏相关的细则和实施条例。再加上相关人员的素质不高，就导致了执行时只遵循程序，没有关注相应的实施情况，更没有以实现政策目标为准则。这也不难解释为什么我国政府采购会经常出现公众关注和评判的质低价高的现象。著者认为是多方面的原因导致这种局面的出现。

一是制度设计上，政策功能的发挥多数停留在纸面上。也就是说，在操作层面有诸多实际问题，并未通过法律进行解决和规范。其次，相应的政策功能宣传不够。许多一线的工作人员依然持旧有的观点和不作为，认为政府采购就是帮政府买东西，只需要遵循相关程序就可以。二是制度设计上欠缺对公平性的考虑。公平和效率是一对矛盾的结合体，不可能要求采购制度设计得绝对的公平。但是，就实际情况来看，政府采购在实际执行中，往往为了追求效率而牺牲公平。各地的政府采购管理机构，习惯性地不区分项目，将所有供应商置于同一竞争环境下，就如同拳击场上将轻量级选手与重量级选手放在一起比赛一样，事实上这样并不公平。实际上，国家应该出台相关的条例，将政府采购项目和内容做分级处理，有些项目更加适合中小企业完成的，应该只允许中小企业参与投标。有些项目既适合大型企业又适合中小企业的，在一定的条件下，应该优先考虑选择中小企业。

根据《政府采购年鉴》，统计了 2009 年至 2012 年各省发挥政府采购政策功能的数据，包括节能节水产品的采购、环保产品采购和中小企业产品的采购，表 3 - 3 中空白处表示本年该省无此数据。

表 3 - 3 省级政府采购发挥政策功能情况

省份	节能节水产品			环保产品			中小企业产品	
	采购规模（亿元）	占同类产品比例	占政府采购规模比例	采购规模（亿元）	占同类产品比例	占政府采购规模比例	采购规模（亿元）	占政府采购规模比例
2012 年省级政府采购发挥政策功能情况								
北京市	0	0	0	0	0	0	0	0
天津市	0	0	0	0	0	0	0	0
河北省	0	0	0	0	0	0	0	0
山西省	0	0	0	0	0	0	0	0
内蒙古自治区	0	0	0	0	0	0	0	0
辽宁省	0	0	0	0	0	0	310.00	73.50%
吉林省	0	0	0	0	0	0	0	0
黑龙江	0	0	0	0	0	0	0	0
上海市	0	0	0	0	0	0	0	0
江苏省	0	0	0	0	0	0	0	0
浙江省	0	0	0	0	0	0	0	0
安徽省	0	0	0	0	0	0		0
福建省	9.51	68.13%	3.90%	3.05	19.32%	1.25%	206.99	84.90%
江西省	0	0	0	0	0	0	0	0
山东省	92.07	92.30%	8.58%	72.90	82.20%	6.79%	692.16	81.70%

续　表

省份	节能节水产品			环保产品			中小企业产品	
	采购规模（亿元）	占同类产品比例	占政府采购规模比例	采购规模（亿元）	占同类产品比例	占政府采购规模比例	采购规模（亿元）	占政府采购规模比例
河南省	0	0	0	0	0	0	477.54	83.79%
湖北省	0	100.00%	0	0	80.00%	0	0	0
湖南省	0	0	0	0	0	0	0	0
广东省	75.46	79.57%	6.12%	40.55	47.08%	3.29%	931.18	75.54%
广西壮族自治区	0	0	0	0	0	0	0	0
海南省	0	0	0	0	0	0	53.92	67.60%
四川省	0	0	0	0	0	0	0	0
贵州省	0	67.82%	0	0	48.03%	0	240.51	83.93%
云南省	16.55	0	6.68%	14.48	0	5.84%	233.03	94.00%
西藏自治区	0	0	0	0	0	0	0	0
陕西省	0	0	0	0	0	0	0	0
甘肃省	0	0	0	0	0	0	0	0
青海省	0	0	0	0	0	0	38.77	94.0%
宁夏回族自治区	0	0	0	0	0	0	0	0
2011 年省级政府采购发挥政策功能情况								
北京市	3.30	57.80%	1.09%	2.30	34.20%	0.76%	0	0
天津市	0	0	0	0	0	0	0	0
河北省	80.54	95.15%	18.42%	80.41	85.72%	18.39%	0	0
山西省	0	0	0	0	0	0	0	0

省份	节能节水产品			环保产品			中小企业产品	
	采购规模（亿元）	占同类产品比例	占政府采购规模比例	采购规模（亿元）	占同类产品比例	占政府采购规模比例	采购规模（亿元）	占政府采购规模比例
内蒙古自治区	0	0	0	0	0	0	0	0
辽宁省	0	0	0	0	0	0	0	0
吉林省	0	0	0	0	0	0	0	0
黑龙江	0	0	0	0	0	0	0	0
上海市	0	0	0	0	0	0	0	0
江苏省	0	0	0	0	0	0	0	0
浙江省	0	0	0	0	0	0	0	0
安徽省	0	0	0	0	0	0	0	0
福建省	6.64	50.47%	2.25%	3.42	18.77%	1.16%	246.36	83.38%
江西省	0	0	0	0	0	0	0	0
山东省	88.90	91.40%	10.50%	68.26	76.94%	8.06%	692.16	81.70%
河南省	0	0	0	0	0	0	477.54	83.79%
湖北省	0	0	0	0	0	0	0	0
湖南省	0	0	0	0	0	0	0	0
广东省	0	0	0	0	0	0	0	0
广西壮族自治区	0	0	0	0	0	0	0	0
海南省	0	0	0	0	0	0	0	0
重庆市	0	0	0	0	0	0	0	0
四川省	0	0	0	0	0	0	0	0
贵州省	0	0	0	0	0	0	0	0

续　表

省份	节能节水产品			环保产品			中小企业产品	
	采购规模（亿元）	占同类产品比例	占政府采购规模比例	采购规模（亿元）	占同类产品比例	占政府采购规模比例	采购规模（亿元）	占政府采购规模比例
云南省	16.55	0	6.68%	14.48	0	5.84%	233.03	94.00%
西藏自治区	0	0	0	0	0	0	0	0
陕西省	15.93	82.23%	14.31%	7.21	41.49%	6.48%	97.84	87.91%
甘肃省	0	0	0	0	0	0	54.05	76.00%
青海省	0	0	0	0	0	0	0	0
宁夏回族自治区	0	0	0	0	0	0	0	0
2010 年省级政府采购发挥政策功能情况								
北京市	0	0	0	0	0	0	0	0
天津市	0	0	0	0	0	0	0	0
河北省	0	90.00%	0	0	80.00%	0	280.86	70.91%
山西省	0	0	0	0	0	0	0	0
内蒙古自治区	0	68.86%	0	0	50.02%	0	0	0
辽宁省	0	0	0	0	0	0	0	0
吉林省	0	0	0	0	0	0	0	0
黑龙江	0	0	0	0	0	0	0	0
上海市	0	0	0	0	0	0	356.04	87.20%
江苏省	0	0	0	0	47.20%	0	0	0
浙江省	0	0	0	0	0	0	0	0
安徽省	0	0	0	0	0	0	0	0

省份	节能节水产品			环保产品			中小企业产品	
	采购规模（亿元）	占同类产品比例	占政府采购规模比例	采购规模（亿元）	占同类产品比例	占政府采购规模比例	采购规模（亿元）	占政府采购规模比例
福建省	0	0	0	0	0	0	0	0
江西省	0	0	0	0	0	0	0	0
山东省	91.50	88.70%	13.58%	102.90	75.40%	15.27%	487.60	72.40%
河南省	0	83.70%	0	0	0	0	318.46	77.90%
湖北省	0	0	0	0	0	0	0	0
湖南省	0	0	0	0	0	0	0	0
广东省	0	0	0	0	0	0	0	0
广西壮族自治区	0	0	0	0	0	0	0	0
海南省	0	0	0	0	0	0	19.40	93.00%
重庆市	0	0	0	0	0	0	0	0
四川省	13.22	0	5.38%	14.38	0	5.85%	0	0
贵州省	8.81	0	9.57%	11.90	53.15%	12.93%	78.76	85.57%
云南省	0	0	0	0	0	0	0	0
西藏自治区	0	73.61%	0	0	0	0	0	0
陕西省	0	0	0	0	0	0	0	0
甘肃省	0	0	0	0	0	0	0	0
青海省	0	0	0	0	0	0	0	0
宁夏回族自治区	0	0	0	0	0	0	0	0

省份	节能节水产品			环保产品			中小企业产品	
	采购规模（亿元）	占同类产品比例	占政府采购规模比例	采购规模（亿元）	占同类产品比例	占政府采购规模比例	采购规模（亿元）	占政府采购规模比例
新疆维吾尔自治区	0	0	0	0	0	0	0	0
2009 年省级政府采购发挥政策功能情况								
北京市	0	0	0	0	0	0	0	0
天津市	2.10	83.00%	1.80%	2.50	77.00%	2.15%	0	0
河北省	3.63	74.13%	1.19%	3.57	85.61%	1.17%	0	0
山西省	0	0	0	0	0	0	0	0
内蒙古自治区	0	0	0	0	0	0	0	0
辽宁省	0	70.00%	0	0	79.00%	0	0	0
吉林省	0	0	0	0	0	0	0	0
黑龙江	0	0	0	0	0	0	0	0
上海市	0	0	0	0	0	0	0	0
江苏省	0	0	0	0	0	0	0	0
浙江省	0	0	0	0	0	0	0	0
安徽省	0	0	0	0	0	0	0	0
福建省	3.63	68.61%	2.96%	3.77	91.97%	3.08%	0	0
厦门市	0	0	0	0	0	0	0	0
江西省	0	0	0	0	0	0	0	0
山东省	6.36	69.45%	1.29%	4.35	69.51%	0.88%	0	0
河南省	0	0	0	0	0	0	0	0
湖北省	0	0	0	0	0	0	0	0

续 表

省份	节能节水产品			环保产品			中小企业产品	
	采购规模（亿元）	占同类产品比例	占政府采购规模比例	采购规模（亿元）	占同类产品比例	占政府采购规模比例	采购规模（亿元）	占政府采购规模比例
湖南省	0	0	0	0	0	0	0	0
广东省	0	0	0	0	0	0	0	0
广西壮族自治区	0	0	0	0	0	0	0	0
海南省	0	0	0	0	0	0	0	0
重庆市	0	0	0	0	0	0	0	0
四川省	51.98	50.47%	22.33%	72.09	52.63%	30.97%	0	0
贵州省	0.9982	47.00%	1.28%	0	68.00%	0	0	0
云南省	0	0	0	0	0	0	0	0
西藏自治区	0	75.00%	0	0	0	0	0	0
陕西省	0	0	0	0	0	0	0	0
甘肃省	0	0	0	0	0	0	0	0
青海省	0	0	0	0	0	0	0	0
宁夏回族自治区	0	0	0	0	0	0	0	0
新疆维吾尔自治区	1.86	57.38%	1.95%	0	0	0	0	0

数据来源：2009 年至 2013 年中国政府采购年鉴。

从表中可以得知，2009 年有 10 个省份统计了政府采购发挥政策功能的数据，其中没有一个省份统计中小企业产品采购的数据，这主要是因为 2009 年国务院才刚颁布《国务院关于进一步促进中小企业发展的若干意见》（国发〔2009〕36 号），所以从 2010 年开始，政府采购开始注重发挥促进中小企业发展的政策功能。2010 年，有 11 个省份统计了政府采购发挥政策功能的数据，但其中只有 6 个省份统计中小企业产品采购的数据。只有 1 个省份有完整数据，即三个指标都有数据。2011 年，有 8 个省份统计了政府采购发挥政策功能的数据，其中只有 6 个省份统计中小企业产品采购的数据。虽然统计数据的省份减少，但是有 3 个省份统计了完整数据。2012 年，统计政府采购发挥政策功能数据的省份仍然较少，与 2011 年持平为 8 个。从已有数据分析可知，在我国政府采购规模偏小的情况下，相应的政策功能采购的规模就更显得捉襟见肘。

第三节　政府采购制度绩效测算

针对目前我国政府采购支出的绩效偏低的现状，本节将对我国各地政府采购支出绩效运用 DEA 法中的超效率模型进行分析，通过构造投入产出指标体系来测算绩效值。

一、DEA 方法说明

（一）DEA 方法概述

数据包络分析（DEA）法是结合了数学、经济、管理和运筹学的一种非参数方法。其基本原理是依据数学规划的思想对具有多输入变量和多输出变量的系统进行相对效率的评价。具体就是，将所研究的全部对象（决策单元）看作一个总体，由总体中最有效率的样本构成一个生产前沿面，依据每个样本的实际生产边界与生产前沿面的距离来对其效率进行判定。DEA 方法因其具有自身独特的优势，得到广泛的应用，例如经济、医学、教育、高校、运输、邮电等领域均有应用，其计算公式如式（3.1）：

$$效率 = \frac{\sum 加权产出}{\sum 加权投入} \tag{3.1}$$

（二）DEA 方法的基本模型

经过几十年的发展，DEA 方法越来越趋于成熟，其包含的模型形式也越来越多样化。基于本书研究需要，这部分主要介绍两大传统 DEA 模型和超效率 DEA 模型。

1. CCR 模型

这是 DEA 方法的传统模型之一，也是最早最经典的模型。详细地了解下这个模型：我们需要测算 n 个对象（决策单元）的相对效率值，且每个对象均包含了 m 项投入变量，s 项产出变量。此时，有个问题需要注意，就是投入变量越少越好，产出变量越多越好。每个决策单元的投入变量和产出变量分别表示为 x_{ij} 和 y_{ij}，

x_{ij} 代表 DMU_j 对第 i 种投入的投入量，$x_{ij} > 0$；

y_{rj} 为 DMU_j 对第 r 种产出的产出量，$y_{rj} > 0$；

v_i 是第 i 种投入的一种度量（权）；

u_r 是第 r 种产出的一种度量（权）；

其中，$i = 1, 2, \cdots, n$；$r = 1, 2, \cdots, s$

以上陈述可由下面式子表达：

$X_J = (x_{1j}, x_{2j}, \cdots, x_{mj})'$，$j = 1, \cdots, n$，

$Y_j = (y_{1j}, y_{2j}, \cdots, y_{sj})'$，$j = 1, \cdots, n$，

$v = (v_1, v_2, \cdots, v_m)'$，

$u = (u_1, u_2, \cdots, u_s)'$，

其中，X_j 和 Y_j 分别表示 DMU_j 的投入向量和产出向量（$j = 1, \cdots, n$），它们的数值是可观测的，是已知的；v 和 u 均是向量，其中 v 是投入变量的权向量，u 是产出向量的权向量。最后，针对 v 和 u 来讲，可得出第 j 个决策单元 DMU_j 的相对效率计算公式，$h_j = \dfrac{u'Y_j}{v'X_j}, j = 1, \cdots, n$，总能找到一组合适的系数 v 和 u 让其满足 $0 \leq h_j \leq 1, j = 1, \cdots, n$。

紧接着，我们选取 DMU_{j_0} 作为研究对象，分析它的相对效率评价指数 $h_{j_0} = \dfrac{u'Y_{j_0}}{v'X_{j_0}}$，$j = 1, \cdots, n$，以全部研究对象的效率评价指数（$DMU_{j_0}$ 在内）$h_j = \dfrac{u'Y_j}{v'X_j} \leq 1$，$j = 1, \cdots, n$，作为限制条件，构成以下线性规划式（3.2）：

$$\beta^T X_i + \varepsilon_i \leq 0 \tag{3.2}$$

线性规划式（3.2）具有一定的工程学背景，其最初是运用在工程学上的，之后才渗透到分析多投入多产出的效率评价中。当然，该模型能够对政府采购的效率进行评价，式（3.2）是 C^2R 模型最基本的线性规划式。

线性规划式（3.2）在求的过程中比较复杂，也比较困难，因此依据 Charnes – Cooper 变换可将其进行等价变换。令 $t = \dfrac{1}{v'X_0}, \omega = tv, \mu = tu$，可得到：

$$(D_{C^2R})\begin{cases} \max \quad \mu'Y_0 \\ \omega'X_j - \mu'Y_j \geq 0, \quad j = 1, \cdots, n \\ \omega'X_0 = 1 \\ \omega \geq 0, \quad \mu \geq 0 \end{cases} \tag{3.3}$$

参考线性规划的对偶理论，变换线性规划（3.3）的对偶规划式如下：

$$(D_{C^2R}) \begin{cases} \min \ \theta \\ \sum_{j=1}^{n} X_j \lambda_j \leq \theta X_0 \\ \sum_{j=1}^{n} Y_j \lambda_j \geq Y_0 \\ \lambda_j \geq 0, \quad j = 1, 2, \cdots, n \end{cases} \tag{3.4}$$

从对偶规划式（3.4）中可看出，运用这种形式更便于对 C^2R 模型进行求解，这种形式是最常见的 C^2R 模型形式。对偶线性规划计算的最优解 θ 就是所分析 DMU_{j_0} 的技术效率（综合效率）值。若 $\theta < 1$，表明该决策单元技术效率无效，即要素投入量过多，产出过少，这时应该对投入产出要素进行调节；若 $\theta = 1$，则表明这个决策单元是技术有效的，即它的实际生产边界处于最优生产前沿面上。

2. BCC 模型

应用 CCR 模型进行效率估算时，有一个前提条件：所有决策单元是规模报酬不变的。而事实上，许多研究对象的规模报酬通常是可变的，所以规模报酬不变的假设是不合理的。那么在规模报酬可变的假设下，假若决策单元无效，则需要考虑决策单元的规模大小和投入产出比例。运用 BCC 模型求解纯技术效率时，其模型形式如式（3.5）：

$$(D_{BC^2}) \begin{cases} \min \ \theta \\ \sum_{j=1}^{n} X_j \lambda_j \leq \theta X_0 \\ \sum_{j=1}^{n} Y_j \lambda_j \geq Y_0 \\ \sum_{j=1}^{n} \lambda_j = 1 \\ \lambda_j \geq 0, \quad j = 1, \cdots, n \end{cases} \tag{3.5}$$

从上述两个传统 DEA 模型的阐述中可知，CCR 和 BCC 同时运用时，可对研究对象的效率进行更为详细的研究，传统模型为许多现实经济问题效率的估算提供了可能性，并且操作起来比较简便，这是它得到广泛应用的主要原因。但它们存在一个缺陷，就是效率值的问题，测算出的结果有多个效率为1的对象，无法进行更加细致的排序分析，这就引出下面的创新型 DEA 模型超效率 DEA，它可以克服这一缺陷，达到研究的目的。

3. 超效率 DEA 模型

运用传统 DEA 模型对研究对象估算效率时，结果只有两类：一类是它们的生产边界处于生产前沿面，效率值都取1，都是有效的；另一类研究对象的生产边界与生产前沿面存在差距，它们的效率值均小于1，都是无效的。而现实情况是我们往往需要对有效率的决策单元进行排序分析，而传统 DEA 模型的弊端使得我们无法继续进行排序，为了克服这一问题，BANKER（1988）以及 BANKERETAL（1989）最先提出在测算效率时将有效 DMU 从参考生产前沿面中分离出去而在 CCR 模型的基础上构建超效率 DEA 模型，并最终在 ANDERSENETAL（1993）的努力下趋于完善。超效率 DEA 模型与传统 DEA 模型的数学形式相似，其对偶规划式可表达为：

$$(D_{SU})\begin{cases} \min \quad \theta \\ \sum_n x_j\lambda_j + s^- \leq \theta x_k \\ \sum_n y_j\lambda_j - s^+ \geq y_k \\ \lambda_j \geq 0 \\ j = 1,2,\cdots,n \\ s^- \geq 0, s^+ \geq 0 \end{cases} \tag{3.6}$$

超效率 DEA 模型的基本原理是：假若研究第 j 个决策单元，就让这个决策单元的投入产出用其他全部决策单元的投入和产出的线性组合来表示，将被考察的决策单元排除在外。运用超效率 DEA 模型测算效率，对于无效的 DMU，效率值估算结果与传统模型是一致的；而对于有效率的 DMU，它能够对它们进一步进行细分，得出效率值大于 1 的结果。例如效率值为 1.36，则表示该决策单元即使再等比例地减少（增加）36% 的产出（投入），它仍旧是处于生产前沿面的，即效率值大于等于 1。

与传统的 DEA 模型相比，超效率 DEA 模型的最大优势是能够对有效率的决策单元进一步计算其超效率值，从而有效区分多个效率值为 1 的决策单元，达到对研究对象进行排序的目的。为更好地测算政府采购绩效，本书将采用 CCR 和超效率 DED 方法进行对比分析。

二、政府采购制度绩效指标体系的构造

（一）样本选取原则

在运用 DEA 方法测算绩效时，样本的选取要满足一定的假定条件，才能保证绩效测算结果的准确性，所以样本的选取必须重视。通常，运用 DEA 方法测算绩效时，样本应该满足以下三项条件：

第一，样本数目 n 与投入变量数目 m 和产出变量数目 s 之间应满足：$n > 2(m + s)$。

第二，所研究样本应有较高的相似性。相似性越强，样本绩效的测算结果更精准。

第三，所研究样本的绩效测算数据必须保证是易得的。

本书中研究的对象（决策单元）是我国 30 个省市自治区，选取了 2003—2012 年近十年的相关数据，这 30 个研究样本是将西藏自治区进行剔除之后的结果，这是由于西藏在地理、社会、经济等方面的特殊性，未将其纳入研究视野。

（二）投入与产出指标的选取标准

选取恰当的投入产出指标，是正确运用 DEA 法判定政府采购支出绩效的一个前提，指标体系的差异会造成研究结果的差异。用 DEA 评价公共财政支出绩效时，投入（产出）指标应尽可能小（大）。另外，投入产出指标还须满足下面条件：

第一，目标性。选的投入、产出指标须实现对决策单元绩效进行客观判定的目标。

第二，关联性。投入指标与产出指标之间要具备一定的联系，即要相关。

第三，科学性。选出的投入、产出指标须真实、全面、客观反映决策单元的信息。

第四，可操作性。选取的投入产出指标必须可行、可操作，所需数据须能够从已有的统计年鉴、汇编资料中获取，保证定量分析的顺利进行。

第五，精简性。投入产出指标的数量不宜过多。严格来讲，决策单元的数目至少是投入产出指标数目的两倍。

三、政府采购制度绩效指标体系的具体构造

对绩效进行测度，指标体系的构造至关重要，选取的指标数量除了符合上述 DEA 方法的要求外，还要能对所研究的决策单元效率值进行准确反映。我国 2013 年以前公布的政府采购统计资料中，没有对政府采购的内容给予明确界定，政府采购数据统计口径也不一致，这使得对政府采购经济效益进行实证分析时缺乏资料基础。本书根据前人研究成果认为，政府采购是政府消费与政府投资之和。数据包络分析法在测算具有多投入多产出的部门时具有得天独厚的优势，这就为测算政府采购绩效提供了一个解决办法。鉴于此，本书构造了衡量地方政府投入产出

的指标体系，并选取了政府采购微观和宏观业绩指标作为产出指标，对政府采购支出绩效进行测算和分析。

表 3 - 4　政府采购投入产出指标体系

指标类型	变量名称	计算公式
投入指标	人均采购支出	采购支出金额/人口总数
产出指标	资金节支率	资金节约额/采购资金预算额
	政府采购周期	采购项目时间/采购项目次数
	工程类采购数量	工程类采购数量/人口总数
	货物类采购数量	货物类采购数量/人口总数
	服务类采购数量	服务类采购数量/人口总数
	中小企业采购金额	中小企业采购金额/人口总数
	国有品牌采购金额	国有品牌采购金额/人口总数
	人均采购成本	采购成本/人口总数
	公众满意度	政府采购满意人数/人口总数
	节能环保产品采购数量	节能环保产品采购数量/人口总数

产出指标可概括为微观的经济指标、宏观的政策功能指标。以下对产出指标做一些简单的解释：

政府采购节支率：节支率是指政府采购资金的节约金额与政府采购预算金额之间的比率，它是反映政府采购资金节约情况最基本指标。节资率越高，在一定程度上表明采购绩效越高。

政府采购周期：即平均采购项目的周期。该指标主要用于衡量集中采购的行政效率以及衡量政府采购能否及时满足单位的需要。政府采购周期越短，采购时间效率就越高，采购绩效也越高。

工程类采购数量：主要反映人均政府工程类采购量，在我国工程类采购支出规模最大，它是衡量政府采购支出结构是否合理的一个重要指标。

货物类采购数量：主要反映人均政府货物类采购数，它是衡量政府采购支出结构是否合理的一个重要指标。

服务类采购数量：主要反映人均政府服务类采购数，它是衡量政府采购支出结构是否合理的一个重要指标。

中小企业采购金额：主要反映人均政府采购中小企业金额，该指标越大，说明政府在采购过程中对中小企业越加保护和扶持。

国有品牌采购金额：主要反映人均政府采购国有品牌金额，该指标反映政府采购对本国的产品和销售商所提供的优惠程度，政府积极采购国有产品有助于民族企业的发展和壮大。

人均采购成本：该指标主要反映人均采购的支出，人均采购支出越小，采购绩效越高。

公众满意度：该指标是衡量政府采购社会业绩的重要指标之一，是公众对政府采购工作是否满意的标尺，群众满意度越高，表明公众对政府采购工作越满意。

节能环保产品采购数量：主要反映人均采购节能环保产品数量，该指标越大，说明政府在采购过程中政策功能绩效越高。

所需指标数据来自 2004—2013 年的《中国统计年鉴》《中国政府采购年鉴》《新中国 60 年统计资料汇编》。

四、政府采购制度绩效的超效率分析

本书借助软件 MYDEA 对 2003—2012 年十年间我国 30 个省、市、自治区的政府采购绩效进行超效率 DEA 分析。

（一）政府采购 2003—2012 年制度绩效测度

本书研究的 30 省、市、自治区，不包括西藏。考虑到我国地域广袤，加上历史原因，社会经济政治方面存在的差距，这些因素会对政府采购支出绩效产生影响。在测算 30 个地方政府采购绩效值时，还进一

步将这 30 个地方政府进行了区域的划分。

根据国家统计局 2011 年 6 月 13 号的划分标准，为科学反映我国不同区域的社会经济发展状况，特将我国划分为东部、中部、西部和东北四大经济区域。本书依据上述四大经济带的划分，同时参考众多学者研究相关问题时对区域的划分，通常是分为三大区域，即东部、中部和西部。本书的划分，标准是把东北区域的辽宁划分到东部，吉林和黑龙江划分到中部的结果，最终划分为三大区域，其中东部、中部、西部分别包含 11、8、11 个省、市、自治区，总共 30 个研究对象①，即决策单元数目为 30，投入产出指标数目之和是 11 个，满足了条件：决策单元数目大于投入产出指标数目之和的 2 倍。

用 MYDEA 软件对 30 个地方政府在 2003—2012 年的政府采购制度绩效进行测算，分别运用传统 CCR、超效率 DEA 模型测算，绩效值如表 3 - 5 和表 3 - 6 所示：

表 3 - 5 2003—2007 年各省、市、自治区政府采购制度绩效

DMU	2003 年		2004 年		2005 年		2006 年		2007 年	
	CCR 效率	超效率值	CCR 效率	超效率值	CCR 效率	超效率值	CCR 效率	超效率值	CCR 效率	超效率值
北京	0.924	0.924	0.875	0.875	0.878	0.878	0.776	0.776	0.780	0.780
天津	0.915	0.915	0.886	0.886	0.992	0.992	1.000	1.054	1.000	1.051
河北	1.000	1.007	0.994	0.994	0.953	0.953	1.000	1.014	1.000	1.051
山西	0.914	0.914	0.880	0.880	0.867	0.867	0.805	0.805	0.846	0.846
内蒙古	0.572	0.572	0.519	0.519	0.562	0.562	0.594	0.594	0.569	0.569
辽宁	0.950	0.950	0.919	0.919	0.869	0.869	0.922	0.922	0.830	0.830

① 东部：北京、天津、河北、辽宁、上海、江苏、浙江、福建、山东、广东和海南，中部：山西、吉林、黑龙江、安徽、江西、河南、湖北和湖南，西部：内蒙古、广西、重庆、四川、贵州、云南、陕西、甘肃、青海、宁夏和新疆。

续 表

DMU	2003 年		2004 年		2005 年		2006 年		2007 年	
	CCR效率	超效率值	CCR效率	超效率值	CCR效率	超效率值	CCR效率	超效率值	CCR效率	超效率值
吉林	0.863	0.863	0.774	0.774	0.798	0.798	0.902	0.902	0.921	0.921
黑龙江	0.845	0.845	0.77	0.77	0.843	0.843	0.871	0.871	0.868	0.868
上海	1	1.804	0.688	0.688	1	1.494	1	1.641	1	1.745
江苏	1	1.04	0.987	0.987	1	1.054	1	1.004	1	1
浙江	1	1.063	0.976	0.976	1	1.092	1	1.366	1	1.335
安徽	1	1.055	1	1.096	1	1.158	0.912	0.912	0.879	0.879
福建	1	1.179	1	1.055	1	1.166	1	1.107	1	1.128
江西	1	1.018	0.884	0.884	0.958	0.958	1	1.023	1	1.019
山东	1	1.02	1	1.042	1	1.099	1	1.08	1	1.139
河南	1	1.363	1	1.322	1	1.303	1	1.383	1	1.338
湖北	1	1.138	1	1.001	1	1.174	1	1.027	1	1.04
湖南	0.987	0.987	0.913	0.913	0.947	0.947	1	1.029	1	1.015
广东	1	1.163	1	1.36	1	1.264	1	1.288	1	1.215
广西	0.943	0.943	0.867	0.867	0.983	0.983	1	1.085	1	1.042
海南	0.833	0.833	0.847	0.847	0.859	0.859	0.879	0.879	0.823	0.823
重庆	0.87	0.87	0.91	0.91	0.845	0.845	0.87	0.87	0.841	0.841
四川	0.98	0.98	0.952	0.952	0.974	0.974	0.994	0.994	0.968	0.968
贵州	0.831	0.831	0.751	0.751	0.791	0.791	0.922	0.922	0.911	0.911
云南	0.669	0.669	0.65	0.65	0.769	0.769	0.861	0.861	0.874	0.874
陕西	0.917	0.917	0.883	0.883	0.917	0.917	0.911	0.911	0.876	0.876
甘肃	0.814	0.814	0.722	0.722	0.821	0.821	0.894	0.894	0.92	0.92
青海	0.612	0.612	0.461	0.461	0.658	0.658	0.578	0.578	0.613	0.613
宁夏	0.858	0.858	0.607	0.607	0.82	0.82	0.823	0.823	0.855	0.855
新疆	0.746	0.746	0.863	0.863	0.827	0.827	0.812	0.812	0.887	0.887

表 3 - 6 2008—2012 年各省、市、自治区政府采购绩效

DMU	2008 年		2009 年		2010 年		2011 年		2012 年	
	CCR 效率	超效率值	CCR 效率	超效率值	CCR 效率	超效率值	CCR 效率	超效率值	CCR 效率	超效率值
北京	0.917	0.917	0.825	0.825	0.891	0.891	1	1.175	1	1.232
天津	1	1.069	1	1.028	0.977	0.977	1	1.027	0.954	0.954
河北	1	1.032	1	1.057	1	1.006	1	1.024	1	1.008
山西	0.877	0.877	0.883	0.883	0.866	0.866	0.851	0.851	0.78	0.78
内蒙古	0.533	0.533	0.459	0.459	0.485	0.485	0.455	0.455	0.443	0.443
辽宁	1	1.064	0.775	0.775	0.811	0.811	0.865	0.865	0.867	0.867
吉林	0.854	0.854	0.735	0.735	0.758	0.758	0.753	0.753	0.745	0.745
黑龙江	0.912	0.912	0.725	0.725	0.79	0.79	0.808	0.808	0.789	0.789
上海	1	1.563	1	1.648	1	1.758	1	1.577	1	1.492
江苏	1	1.005	1	1.138	1	1.201	1	1.29	1	1.262
浙江	1	1.46	1	1.393	1	1.301	1	1.242	1	1.351
安徽	0.799	0.799	0.774	0.774	0.782	0.782	0.826	0.826	0.778	0.778
福建	1	1.098	1	1.032	1	1.088	1	1.038	0.971	0.971
江西	0.998	0.998	0.952	0.952	0.925	0.925	0.869	0.869	0.728	0.728
山东	1	1.161	1	1.15	1	1.109	1	1.133	1	1.11
河南	1	1.323	1	1.263	1	1.344	1	1.333	1	1.187
湖北	1	1.01	0.919	0.919	0.961	0.961	0.899	0.899	0.869	0.869
湖南	0.924	0.924	0.884	0.884	0.927	0.927	0.887	0.887	0.868	0.868
广东	1	1.287	1	1.381	1	1.209	1	1.214	1	1.188
广西	1	1.041	1	1.007	0.982	0.982	0.941	0.941	0.795	0.795
海南	0.799	0.799	0.724	0.724	0.678	0.678	0.766	0.766	0.718	0.718
重庆	0.78	0.78	0.732	0.732	0.707	0.707	0.613	0.613	0.609	0.609
四川	0.682	0.682	0.676	0.676	0.76	0.76	0.861	0.861	0.892	0.892
贵州	0.869	0.869	0.855	0.855	0.844	0.844	0.822	0.822	0.652	0.652

DMU	2008 年		2009 年		2010 年		2011 年		2012 年	
	CCR效率	超效率值	CCR效率	超效率值	CCR效率	超效率值	CCR效率	超效率值	CCR效率	超效率值
云南	0.859	0.859	0.797	0.797	0.824	0.824	0.792	0.792	0.696	0.696
陕西	0.793	0.793	0.717	0.717	0.738	0.738	0.683	0.683	0.675	0.675
甘肃	0.857	0.857	0.812	0.812	0.845	0.845	0.862	0.862	0.724	0.724
青海	0.619	0.619	0.576	0.576	0.408	0.408	0.379	0.379	0.335	0.335
宁夏	0.929	0.929	0.746	0.746	0.692	0.692	0.69	0.69	0.544	0.544
新疆	0.825	0.825	0.726	0.726	0.761	0.761	0.692	0.692	0.626	0.626

表 3－5 和表 3－6 的结果验证了 CCR 模型和超效率 DEA 模型对绩效值测算结果的异同：两个模型得出的有效决策单元和无效决策单元在数量上是一致的。对于没有达到有效的省市，绩效得分相等，而对于有效的省、市、自治区，超效率 DEA 模型是优于基本 CCR 模型的，CCR模型测算出多个绩效为 1 的省市，而超效率模型凭借自身特点和优势，对多个绩效值为 1 的省、市、自治区进行了超效率计算，得到超效率值，从而有效区分了多个有效的省、市、自治区，达到对各省、市、自治区政府采购绩效进行深入分析的目的。

对表中的我国 30 个省、市、自治区的政府采购的超效率值进行统计，在 2003 年到 2012 年期间，其中达到有绩效（即超效率值大于等于1）的省市个数依次为：11、7、9、13、13、12、10、8、10 和 8，没有一年的数目超过总数的一半，大部分省、市、自治区都处于无效的状态，说明政府采购绩效存在很大的提升空间。

这十年期间，上海市政府采购制度绩效始终处于相对有效率的状态，且每年的排名都是第一名，绩效值依次为：1.804、1.688、1.494、1.641、1.745、1.563、1.648、1.758、1.577 和 1.492，十年的均值达到了 1.64，这说明上海市即使再等比例的增加（减少）64% 的投入

（产出），它均能处在有效生产前沿面上，即政府采购绩效是相对有效的。这一结果与我们通常对上海市的印象比较吻合，人口密集，人口受教育水平较高，经济发达，制度相对完善等，因此具有较高的绩效得分。

而且，每年处于前几名的省份中，几乎都是东部地区的省、直辖市。例如前十名中，只有广西有 4 次挤进了前十名的位置，分别为第六、第九、第十、第十。其余省份中也是东部省市占到了大部分，但是需要说明的是，河南省的表现比较突出，近十年每年都在前十名内，中部其余省份湖北省 3 次，安徽省 3 次，湖南省和江西省均 1 次入围前十名。从这个排名也可以得出西部省、市、自治区政府采购制度绩效与东中部省、市政府采购的差距，以及我国政府采购制度绩效发展不均衡的问题，这对于我国实现政府采购制度绩效目标产生了阻碍，因此缩小政府采购制度绩效迫在眉睫。

（二）政府采购制度绩效空间特征

基于前面各省、直辖市、自治区政府采购的超效率值测度结果，这里首先从空间上分析各省、直辖市、自治区政府采购制度绩效具备的特点，图3－10 是 30 个地方政府在 2003—2012 年间绩效值的均值。

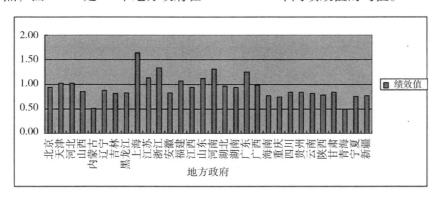

图 3－10　2003—2012 年各省、直辖市、自治区政府采购制度绩效均值

从图 3 - 11 中我们可以看出，2003—2012 年这十年间绩效均值大于等于 1 的省、直辖市仅仅有 9 个，所占比例不足三分之一，可以说这样的结果是很不乐观的。这 9 个中有 8 个省、直辖市属于东部区域，1 个（河南）属于中部区域，没有西部区域的省、直辖市、自治区。就东部区域而言，其所涵盖的省、直辖市的绩效除海南省外排名都比较靠前。

从空间的维度来看，整体比较东中西部三个区域，政府采购制度绩效存在明显的区域性差异，东部区域绩效整体最高，中部区域次之，西部区域相对比较落后，排在最后几名的几乎都是西部区域所辖自治区。排在最后两位的是西部两个区域，分别为内蒙古和青海，绩效均值分别为 0.51 和 0.50，这与始终排在第一位的上海市相差甚远，这说明它们政府采购制度绩效始终处于无效的状态。

通过观测 30 个省、直辖市、自治区的绩效均值，我们已经得出这其中存在显著的区域性特点。以下是系统研究关于处于东中西部三个区域的省市的政府采购制度绩效，表 3 - 7 列出了东中西部政府采购制度绩效在 2003—2012 年间的平均值：

表 3 - 7　三大区域的政府采购绩效值

东部区域（11 个）		中部区域（8 个）		西部区域（11 个）	
地方政府	超效率值	地方政府	超效率值	地方政府	超效率值
北京	0.94	山西	0.85	内蒙古	0.51
天津	1.02	吉林	0.81	广西	0.98
河北	1.03	黑龙江	0.82	重庆	0.74
辽宁	0.88	湖南	0.93	四川	0.84
上海	1.63	江西	0.93	贵州	0.84
江苏	1.12	河南	1.31	云南	0.81
福建	1.07	湖北	0.97	陕西	0.78

续　表

东部区域（11 个）		中部区域（8 个）		西部区域（11 个）	
地方政府	超效率值	地方政府	超效率值	地方政府	超效率值
浙江	1.34	安徽	0.83	甘肃	0.84
山东	1.12	—	—	青海	0.5
广东	1.25	—	—	宁夏	0.75
海南	0.77	—	—	新疆	0.76
平均值	1.11	平均值	0.93	平均值	0.76

从表 3-7 中，可以看出我国东中西三个区域的绩效均值分别为 1.11、0.93 和 0.76，就整体来说，东部区域政府采购是相对有绩效的，中部区域和西部区域处于无绩效的状态。所以，我国政府采购制度绩效在总体上是低效的，特别是中西部区域应采取积极措施提高政府采购。

第四节　我国政府采购制度绩效影响因素分析

一、影响因素的选取与设定

政府采购制度绩效除了取决于采购的产出与消耗的对比外，还受到许多外部因素的影响。查阅相关文献可知，众多学者在对政府采购制度绩效的影响因素进行研究时，大致是从人口教育水平、信息技术、预算编制、市场化水平、采购规模、采购制度等方面入手的。

将前文得到的 30 个省、市、自治区在 2003—2012 年间的政府采购制度绩效值作为因变量，将影响政府采购支出绩效的外部因素作为自变量建立 Tobit 回归计量模型，分析外部因素对绩效的影响作用。

采用人口受教育水平代表这个地区大学本科以上人口的受教育水平，受教育水平与人口素质呈负相关。HAMILTO（1983）发现，居民受教育水平越高，政府采购支出效率越高。另外 AFONSO（2005）也认为政府采购制度绩效与当地居民的平均受教育年限之间具有正向相关关系。

本书用人均网上采购使用率来衡量某地区政府采购信息化水平。信息化水平与政府采购制度绩效呈正相关，通过使用大规模的信息网络技术，有效提高政府采购制度绩效。

选取政府采购预算实际编制金额与政府采购预算金额数的比率衡量政府采购预算编制的绩效，预算编制率越高，政府采购绩效越高。

选取政府采购规模来评价政府采购的绩效，政府采购规模是影响政府采购功能绩效重要因素。政府采购规模包括政府采购绝对规模和政府采购相对规模。政府采购相对规模指的是，政府采购绝对规模占当年GDP 和财政支出的比重。政府采购的相对规模越高越有利于政府采购发挥效益，特别是发挥宏观调控的作用。

选取政府采购政策效率来评价政府采购对经济增长的贡献，合理的政府采购规模能够发挥财政支出的乘数效应，对国民经济产生积极的影响，不合理的政府采购规模则会对国民经济的健康发展产生消极影响。

本书采用市场化程度作为影响政府采购制度绩效的变量，借鉴樊纲、王小鲁等（2010）编制的 2003 年至 2009 年期间各省市的综合市场化指数来衡量市场化程度差异，其中 2010 至 2012 年间的市场化指数仍未公布，本书采用移动自回归加权的方法，进行推算而得。市场化指数越大，表明市场化程度越高。当企业所在的省市市场化指数低于样本中位数时，指标值定为 0，反之则定为 1，市场化程度与政府采购制度绩效有强相关性，不断完善市场化有利于政府采购制度绩效的提高。

表 3 - 8 外部因素变量与变量说明

变量名称	变量说明
人口受教育水平	本科以上学历人数/人口总数
网上采购使用率	网上采购使用人数/人口总数
预算编制率	采购预算实际编制金额/采购预算金额数
采购相对规模	实际采购金额/财政支出总额
采购政策效率	GDP 变动的百分比/政府采购规模变动的百分比
市场化程度	以市场化指数衡量企业所在地市场化水平

二、Tobit 回归模型和因素分析

（一）Tobit 回归模型的形式与原理

根据超效率 DEA 模型计算出每个决策单元的绩效得分后，再建立绩效值与各种外部因素之间的计量回归模型，来分析外部因素对绩效的影响作用。其中，将各种外部因素设为解释变量，把绩效值设为被解释变量，运用面板数据进行回归，估算出回归结果。根据方程的系数可以判断出研究因素对绩效的影响方向和强度，从而为政府决策提供有效建议。在对回归方程进行参数估计的时候，由于绩效值作为因变量，其取值是恒大于 0 的，也就是说因变量的取值范围必须大于等于 0，此时运用普通最小二乘估计法进行回归是行不通的，因为这时解释变量系数的估计会有偏差并且不一致。此时，我们需要借助 Tobit 模型，该模型能够很好地解决此类问题，它是解决部分连续分布和部分离散分布的因变量的一个计量经济学模型，对系数进行估计时，采用最大似然估计，此时估计的自变量系数是一致估计量。该模型的基本形式如式（3.7）：

$$Y_i = \begin{cases} \beta^T X_i + \varepsilon_i & \beta^T X_i + \varepsilon_i > 0 \\ 0 & \beta^T X_i + \varepsilon_i \leq 0 \end{cases} \qquad (3.7)$$

式（3.7）中的自变量 Xi 能够取所有的实际观测值，而因变量 Yi 的取值范围是有限制的：当 Yi 为正时，因变量取实际观测值；而当 Yi 非正时，被解释变量均被限制为 0，这就是 Tobit 回归模型的基本原理和主要特征。

（二）Tobit 回归模型的设定与估计

基于前一章中的各地方政府采购制度绩效测算结果的特点，数值是被截取的，即效率值均大于等于 0，运用普通的计量回归模型是行不通的，只能采取特殊的模型，即 Tobit 受限回归模型。本章利用 Stata12.1 软件对绩效值的面板数据进行 Tobit 受限回归模型的分析，以我国 30 个省市在 2003 到 2012 年近十年的政府采购制度绩效值作为被解释变量，五个外部因素作为解释变量，因此回归模型的形式设定如式（3.8）：

$$Y_{it} = \beta_0 + \beta_1 JYSP_{it} + \beta_2 WSCG_{it} + \beta_3 YSBZ_{it} + \beta_4 ZGGM_{it} + \beta_5 ZCZC_{it} + \beta6SCH + \varepsilon_i \tag{3.8}$$

在式（3.8）中，Y_{it} 代表了各省市在 2003 年到 2012 年的采购支出效率测度值（i 代表各个地方政府，i = 1，2，3…30）；t 代表年份，（t = 2003，2004…2012）；ε_i 代表随机误差，JYSP、WSCG、YSBZ、ZG-GM、ZCZC、SCH 代表本文中选取的六个可能会对效率值产生影响的外部因素，分别是人口受教育水平、网上采购率、预算编制率、采购相对规模、采购政策效率和市场化程度。我们知道，政府采购市场化程度随着政府采购相关法律法规制定而不断完善，而《政府采购法》是在 2003 年 1 月实施，加上一般情况下政策产生效果的滞后性，所以本书令该虚拟变量在 2003 年和 2004 年取 0，其余年份取 1。

在研究的 30 个省市自治区，其中东部区域包含 11 个省、直辖市，中部区域包含 8 个省、市，西部区域包含 11 个省、直辖市、自治区，一共 30 个，具体的包含省市在上文中已经列出。Tobit 回归模型中的被解释变量就是这 30 个地方政府在 2003 到 2012 年的效率值，解释变量就是人口受教育水平、网上采购率、预算编制率、采购相对规模、采购政策效率和市场化程度这六个变量。表3-9对五个非虚拟变量的统计特征进行了简单描述：

表3-9 五个变量的描述性统计

因素名称	平均值	最大值	最小值	标准差
人口受教育水平	8.07	24.07	1.46	4.87
网上采购使用率	32.14	87.03	9.77	12.37
预算编制率	51.56	95.09	14.83	19.35
采购相对规模	2543.72	9124.12	350.16	1774.07
采购政策效率	51.56	95.09	14.83	19.35

我们运用Stata12.1软件对上述Tobit模型进行回归，回归结果如表3-10所示：

表3-10 面板回归模型结果

变量	系数	标准误	Z值	P值
人口受教育水平	0.0005649	0.0007744	1.92	0.003
网上采购使用率	0.0002369	0.0000446	5.31	0.000
预算编制率	0.0052813	0.0011759	4.49	0.000
采购相对规模	0.0732916	0.0258144	3.33	0.065
采购政策效率	0.0536375	0.0177004	3.03	0.002
市场化水平	0.0042157	0.0018326	2.07	0.004
常数项	0.5680801	0.0635367	8.94	0.000

分析表3-10中的回归结果：模型结果是在95%的置信度下得出的，通过观察p值的大小，可看出在所研究的这五个环境变量，人口受教育水平、网上采购率、预算编制率、采购政策效率和市场化程度这五个变量p值分别为0.003、0.000、0.000、0.002和0.004，显然都是小

于 0.05 的①，因此充分说明这五个变量对政府采购支出绩效的影响是显著的，尤其是网上采购使用率和预算编制率，它们的 p 值均为 0.000。这六个变量中，只有政府采购相对规模这个变量没有通过显著性检验，它的 p 值是 0.065，大于 0.05，说明在本书的研究范围内，政府采购相对规模对地方政府采购制度绩效影响是不显著的。

三、Tobit 回归模型的结果分析

对于模型的回归结果，我们依次来分析这六个变量对政府采购支出绩效的影响，分别从它们对政府采购支出绩效是否有显著的影响作用以及作用的大小程度来分析。

（一）人口受教育水平影响分析

人口受教育水平这个因素，它在一定程度上衡量了人口素质，与人口素质呈反向变动关系。它的 p 值是 0.003，通过了显著性检验，说明人口受教育水平对采购绩效的影响是显著的。与前面论述的内容是一致的，即一些西方学者得出受教育水平越高，越有利于政府采购制度绩效的提高。

具体看人口受教育水平的系数是 0.0005649，表明本科以上学历平均每增加 1 人，政府采购支出平均绩效就会增加 0.0005649 左右，我们结合本书上一节测度的绩效值，在具有绩效的省市中，比如上海等绩效值较高的省市，人口受教育水平都相对较高，而一些西部区域的省市的绩效值偏低，人口受教育水平也相对较低，这些客观数据很好地验证了良好的人口受教育水平相对较高有助于促进绩效提升的观点。在具体采购过程中，如果从业人员的业务素质低则比较容易出现差错。如招标公

---

① 置信度是 95%，因此结果中得出的 p 值必须小于 0.05，才能说明解释变量对被解释变量的影响是显著的。

告时因疏漏出现信息发布失误、对投标人的资质审核不严、发放的标书未加盖公章等差错，都是因工作人员工作不细致或业务不熟练引起的，不仅会直接影响政府采购制度绩效，而且还会导致采购工作不能正常进行。而业务素质高的人员，无论是在制作标书，还是对供应商资质进行审核等方面，都是高效的。另外，采购从业人员的职业道德、工作责任感、团结协作、吃苦耐劳等方面也是采购绩效的重要指标。政府采购工作面对的是外部复杂多变的市场、涉及的业务范围广、政策性和专业性很强，只有具有较高政治素质和业务能力的人才能适应工作的需要。而一些单位在设立采购部门时，受人员编制制约，采购人员队伍整体素质不高，专业结构也不合理。采购人员的综合素质不高，专业技能参差不齐，导致采购质量不高，数量偏低，从而影响了政府采购的绩效。

（二）信息技术影响分析

网上采购的使用效率在一定程度上代表政府采购的信息化水平，它的 p 值为 0.000，回归系数为 0.0002369，表明在 95% 的置信水平下通过了显著性检验，并且对政府采购制度绩效有很显著的正向作用，这与学者们通常的认识是一致的，说明网上采购使用效率越高，政府采购制度绩效越高，相反，网上采购使用效率越低，影响采购的效率和透明度越低。观测网上使用率的描述性统计，看出它的均值为 32.14，结合上一节的研究结果，政府采购制度绩效高的地方都具有较高的网上采购使用效率，像上海和浙江网上采购使用效率较高，而绩效值排在最后的内蒙古和青海网上采购效率远远低于全国平均水准。

2013 年前可以大幅降低采购成本的一些技术手段在我国进行政府采购时还未得到广泛运用。如网上采购推行就比较滞后。究其原因，一是缺乏足够的法律保障。法律法规还没有对网上采购的效力和规范做出明确界定，如果网上采购过程中，一旦产生采购纠纷，就会具有很大的风险。二是网上采购的安全保障措施相对滞后，对网络犯罪及信息泄露行为也缺乏相应定罪标准，对维护网上采购的权益和对违法违规行为的处罚也缺少相应的规定。三是网上支付手段也缺乏保障。这是由于网络建设和信用体系建设滞后导致的。信息技术的滞后不仅影响了对采购过程的信息掌控，也不利于交易行为的公开透明，甚至影响政府采购的绩效。

（三）预算编制效率的影响分析

预算编制率这个因素，它的 p 值为 0.000，回归系数为 0.0052813，表明在 95% 的置信水平下通过了显著性检验，并且对政府采购支出效率有很显著的正向作用。从我国政府采购运行角度看，预算编制不合理，影响政府采购绩效。

我国的节资率计算公式①决定了部门预算对节资率高低有着直接影响。部门预算，是指单位的各个部门为了顺利地完成本部门的工作，根据其职能确定的工作任务和工作量，统一编制出本部门的各项收入和各项支出，并加以汇总，反映本部门的总收入和总支出的一种预算。政府采购预算是部门预算的一部分，公共财政管理要求，没有预算就没有支出，所以没有列入政府采购预算的采购项目无法得到执行。因此，采购人所需的采购项目，必须编入本部门的预算中，上报财政部门审核，并最后通过人民代表大会的审批，才能得到资金的支持，具有履行采购合同的支付能力。其次，政府采购项目的执行必须严格按照人民代表大会批准的预算。因为这些经过批准的采购项目都有明确的目的，往往体现了一些宏观政策导向，是政府管理国民经济的重要组成部分。在很长的一段时间里，我国对财政支出的资金使用监管不够，经常出现预算批复后，预算单位一旦得到财政部门的拨款，就开始对采购资金进行截留甚

---

① 节资率 =（政府采购预算金额 − 政府采购实际金额）÷ 政府采购预算金额

至挪用，用于一些无预算采购，甚至超标准采购的地方，重复采购也时有发生，这样就会直接降低采购资金的使用效率，导致政府确定的政策目标难以实现。最后，批准的政府采购项目在执行中不应超过预算，因为采购预算通常包括了所有确保采购项目质量的费用。如果确实出现预算资金不够，则采购人必须调整采购需求或者改变本部门的支出计划。在政府采购过程中，采购预算的审查起着越来越重要的作用，可以说采购预算是政府采购的基础，政府采购预算审查人员要了解相关市场价格的变化，通过市场调查了解采购项目的详细信息。采购预算的合理性和精细程度，直接决定了政府采购能否有效节约财政资金。

（四）政府采购相对规模效率影响分析

政府采购规模效率在一定程度上也会影响政府采购的绩效。它的 p 值是 0.065，没有通过显著性检验，政府采购规模对公共支出效率的影响不显著。由前述内容可知，参照国际经验，我们估算出政府采购效率若发挥有效作用，一般来说政府采购规模应占 GDP 的 10% 左右，或占财政支出的 30% 左右。一些学者得出政府采购相对规模越高，越有利于政府采购支出效率。2013 年我国政府采购规模明显偏小，与国际上平均采购水平相比差距较大，大量财政性资金支出的项目特别是工程类项目还处于纳入政府采购管理范围之外，制约着政府采购效率与效益的提高。一是由于采购总体规模相对较小，加上采购预算约束性较弱，各采购单位自行申报采购项目造成项目零碎，一些货物类采购金额不到 1 万元就需要组织一次招标，政府采购的批量效应不能有效发挥，集中采购变成"集中的分散采购"，不仅未形成政府采购的规模效率，还直接导致采购效率的低下，影响了采购效益的提高。二是由于政府采购尚未形成统一的采购市场，地区分割和行业分割严重，不同地区间缺乏必要的整合和协调，往往各自为政，自行组织采购，甚至存在同一时段不同的地区进行着同样采购的现象，每次采购数量和金额较小，导致每次采购的单位成本大幅增加，集中采购的规模效益没有得到充分发挥，既浪费了政府采购资源，也增加了供应商的工作量和不必要的开支。三是全国各地区，各部门采购的不均衡成为影响采购效益的主要因素。因此，我国政府采购总体规模偏小、整体范围窄的状况影响政府采购的整体绩效水平。

本书的研究结果表明，至 2013 年前，政府采购规模效率并没有像西方国家那样明显正相关，反而对政府采购支出效率有微弱的副作用。之所以出现这样的结果，原因在于我国公共项目的投资决策权往往集中在一些高层官员手中，这些人员往往容易受寻租行为的影响，在实际决策时经常扭曲了政府采购制度，导致许多采购支出配置不合理，造成采购资金支出效率偏低。我国政府采购部分工程、货物和服务采购支出实际上形成的是低效率的政府支出，不仅未对经济社会产生积极的效果，还影响了资源的优化配置，需要对其进行约束和控制。

（五）政府采购政策效率影响分析

政府采购政策效率这个因素，它的 p 值为 0.002，回归系数为 0.0536375，表明在 95% 的置信水平下通过了显著性检验，并且对政府采购支出效率有很显著的正向作用。在我国《政府采购法》以及财政部出台了一系列配套政策措施一定程度上促进政府采购政策功能的发挥，政策功能发挥的越好，政府采购绩效越高。但是，在我国，由于《政府采购法》与《招投标法》之间存在职能交叉、重复甚至冲突的问题，导致还有相当工程项目采购游离于《政府采购法》的管理范围外，使得在实际操作过程中，这部分政府采购支出并没有严格受到《政府采购法》及相关配套政策的约束，从而未较好地发挥其效应。

尽管我国政府采购制度提出要发挥政府采购的政策功能效应，由于权力凌驾于制度等原因的影响，政府采购政策功能体系之间缺乏较好的衔接性，未能形成强大的政策合力，发挥出我国政府采购政策功能效力，使得公共资金的公共利益价值未能最大化。另外，由于政府采购政策功能缺乏强制执行性以及参与主体的政策功能意识淡薄，都影响政府采购绩效的提高。

（六）市场化程度影响分析

在本书的回归结果中，这个政策变量的 p 值为 0.004，在统计上是显著的，它的回归系数为 0.0042157，这表明市场化程度对我国政府采购支出效率有重要影响。经过多年的改革，我国社会主义市场经济已经有了较大的发展，在相关制度方面依然在不断完善中。政府采购是建立在市场经济基础上的，2013 年前还存在市场分割、统一的政府采购市场尚未形成，影响政府采购绩效。各地方政府的采购条例和管理办法在制定和操作过程中采取地方保护性政策，或因地方官员的意志而决定政府采购合同的取舍。例如，受地域利益的驱动，一些地方政府利用行政权力，无视政府采购制度规定，强制本地区的采购单位购买本地区商品，采购时不公开采购信息，同时缩短采购周期来达到地区封锁的目的；地方保护主义色彩深厚，在处理采购纠纷时有意袒护本地当事人，限制外地供应商进入本地市场，在支出领域中实行地方保护主义和地方经济垄断，有意偏袒本地企业，歧视外地企业，市场待遇不平等；或者通过随意简化或改变采购程序的手段，缩短采购周期达到地区封锁的目的。借政策之手垄断、控制政府采购市场，违背了市场经济规律，影响了资源全国范围内高效配置，从而影响政府采购资源配置效率。

第五节　本章小结与启示

一、本章小结

本章从理论上分三个方面分析政府采购制度绩效优势，一是政府采购制度微观经济绩效优势，二是政府采购制度宏观经济绩效优势，三是政府采购制度政策功能绩效优势。然后，分析政府采购制度在实际运行中存在绩效低的问题。为进一步检验我国政府采购制度绩效低的程度，本章借助软件 MYDEA 对 2003—2012 年十年间我国 30 个省、市、自治区政府采购制度绩效进行超效率 DEA 分析。就整体来说，东部区域政府采购是相对有绩效的，中部和西部区域处于无绩效的状态，并通过人口受教育水平、网上采购率、预算编制率、采购政策效率和市场化程度这五个变量来分析其对政府采购绩效的影响。

二、本章启示

我国政府采购制定较为完备的规章、制度和操作流程，对提高政府采购制度绩效提供制度保障。然而在实际运行中绩效低的问题依然存在。因此，我们在重视政府采购制度建设的同时，应该加强政府采购制度执行的相关配套制度建设，为政府采购制度发挥绩效优势创造良好运行环境，同时，加强政府采购制度的执行力度，严格按照政府采购制度来规范政府采购行为。

第四章　我国政府采购制度中的
寻租问题分析

预防寻租也是我国政府采购制度基本目标之一，然而，政府采购在实际运行中还存在一些寻租的问题。本章首先对政府采购制度理论上具有预防寻租优势进行分析，然后分析政府采购制度在实际运行中存在的寻租问题。最后，本章主要运用结构方程对政府采购寻租问题进行度量。

第一节　政府采购制度预防寻租的理论优势

政府采购制度相对分散采购具有显著的优势，主要表现在下文论述的几个方面。

一、政府集中采购预防寻租行为分析

集中采购不允许使用单位自行采购，把各单位的分散采购集中起来统一采购，由于集中采购的规模大，基本上使用公开招标方式采购。采用公开招标方式引入了市场竞争机制，采购参与方由合作型博弈就变成了非合作型"囚徒困境"型的博弈。政府集中采购方和供应商之间的

博弈关系，可用博弈矩形表示：

表 4 - 1　政府集中采购方和供应商之间的博弈关系

采购方 供应商	设租	不设租
寻租	（1000，1000）	（200，1200）
不寻租	（1200，300）	（800，800）

由博弈矩形（表 4 - 1）可以看出，假如供应商的选择是不寻租，那么采购方的最优战略也是不设租；同样，假如采购方选择不设租，供应商的最优战略选择也是不设租。从博弈矩形可以看出，如果供应商与采购人员合谋，他们所得的最大是 1000 个单位，现代政府采购引进招投标的竞争机制，众多的供应商参与一个项目竞争，最后由评标专家评出最终中标者。因此，供应商在市场化竞争中交易成本增加，即使供与采双方合谋也存在达不到预期目的风险，因为，中标的概率下降，所以，其行贿的预期也随之下降；从采购方来看，采购人员招投标过程中，受到各种规章制度的约束以及审计纪检等部门的监督，政府采购完全公开化和透明化，采购方幕后操作空间非常有限，违纪行为被发现的概率增大，而且受到组织处分很严重。虽然（寻租、设租）是双方最优地选择，但是由于合谋成功的概率减低和被查处的风险增大，而主动选择双方可能为了获得最大收益的（不寻租、不设租）策略，即双方各得 800 个单位的效用值，即提高了政府采购效率，也节约了公共资源。

二、政府分散采购中的寻租行为分析

政府分散采购模式是使用单位依据自身的实际需要各自单独进行采购的模式。由于采购何种商品、采购多少商品、采购的金额和采购方式的选择都由各使用单位自己控制，导致采购的分散化和人治化。分散采购由于单位领导或采购人员居于主导地位，采购的实际就是采购人员与供应商一对一的关系，政府采购制度对分散采购的约束和监督很难有效。在分散采购中，采供双方为了实现各自利益的最大化，容易私下达成协议。因此，分散的政府采购，采供双方的博弈是合作博弈。

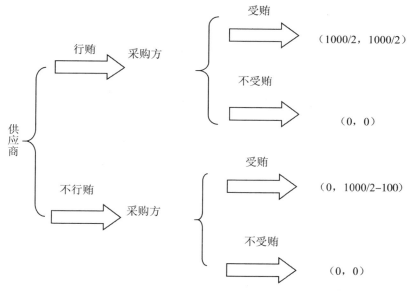

图 4-1 分散性政府采购中采购人员和供应商的博弈

图 4-1 揭示了供应商和采购人员分别选择各自行为时博弈情况。在博弈进程中，供应商针对采购人员的决策有寻租或不寻租两个策略选项；采购人员对供应商的行为做出应对，选择设租或不设租。当供应商选择寻租策略时，如果采供双方达成合谋来对付政府和纳税人，采购人员就会选择设租策略，则双方各得益最高 1000/2。其中，1000 为供应商与采购人员合谋的超额利润，双方平均瓜分。如果采购人员依法"公事公办"，选择不设租策略，按市场最低价格购买，而供应商也选择不

寻租，则双方在不合谋的情况下得到超额益各为 0。当采购人员采取不设租策略时，即使供应商采取使寻租策略，双方也不可能达成协议进行非法交易，此时供应商与采购人员的超额利润均为 0。但倘若采购人员采取设租策略，而供应商选择不寻租，那么该供应商不能成为政府采购的合作伙伴，供应商的收益为 0，采购人员会选择与之"合作"的供应商继续设租，其收益为 1000/2 - 100，但是采购人员存在被举报的风险。其中，1000/2 是与采购人员其他供应商合谋的超额利润；100 是采购人员再次选择其他供应商时所付出的成本。

通过从以上的分析可知，采购人员采取何种策略，作为供应商都会选择合谋，因为这样对他才会有利。对具体采购人来说，他们只是国家或纳税人的代理人，政府采购资金归国家所有，与他们本人无关，选择合谋以后而造成的损失或无效率，其"成本"也不是由他们承担，这种"成本"也不会导致他们损失，他们从合谋中获取收益，而"成本"却由别人负担，"收益"由自己享有，何乐而不为。同时，在分散采购中，政府采购是在分散和封闭环境下进行的，财政等监管部门无法对具体资金使用进行有效的管理，财政资金的分配与使用环节是相互分离的，对实际的支出规模支出项目难以控制，严重浪费了财政资金，也使得采购绩效低下。由于对政府采购的监督弱化，采购参与方通常为谋求自身租金的最大化而不顾国家和纳税人的利益。因此，在分散性政府采购中，从采购人员的角度考虑，不管供应商是合谋还是不合谋，采取合谋策略都是其最优选择。

可见，采购参与方在利益最大化的诱惑下，彼此会形成一个利益共同体，共同合谋来蚕食国家和纳税人的利益，这种寻租行为通常屡禁不止，使得政府采购变得无效率。基于这种分析，分散性政府采购必然会导致双方合谋寻租，为了确保获得的设租行为的稳定性和持久性，负责分散性政府采购的官员或者机构会想尽办法向其上级或主管部门再寻租，久而久之上下级之间就会再次形成新的设租与寻租关系，同时，分散性政府采购委托代理链条过长，环节过多除寻租外，还有集体寻租乃至行业寻租。

三、政府集中采购与分散采购优势比较

从世界各国政府采购的具体实践来看，政府采购运作的不规范最容易滋生寻租行为。政府采购中不规范的现象主要表现在以下几个方面：在选择供货厂商时，将工程发包给关系户、人情户，对其工程资质及技术水平审查不严，在采购商品时、不是看供应商的产品，而是看供应商有没有关系，在采购过程中为了收取回扣而给供货方以各种优惠，购买质次价高的商品。寻租行为的产生是政府采购制度化水平低的表现、也是监督不力导致的后果。首先，政府采购制度建立以后，应遵循公开、公正、公平的原则，要求采购活动在透明的条件下运作，能有效地防止暗箱操作，防止采购方与供货方相互勾结；政府采购制度的竞争性原则要求所有的供货方在同一起跑线上公平竞争，防止了个别供货商利用不正当手段获得采购合同。其次，政府采购制度的规范性和法制性，政府采购制度规范性就是要求采购活动依照一定的程序和规则进行，防止采购官员随意地将采购合同给关系户或人情户，或者按照地方长官与上级领导意志行事的可能性。政府采购活动是在《政府采购法》和一系列规章制度指导下完成的，进行政府采购时，如果不符合政府采购程序，将受到法律制裁。最后，政府采购是在财政、审计等专业监督和社会监督的全方位监督下完成的，政府采购从开始进行到采购活动结束，每时每刻都在监督之下，从而有效防止徇私舞弊和寻租行为的发生。总之，无论是政府采购的原则还是政府采购的法制性与监督机制，都从源头上或根本上防止暗箱操作，从而有效地遏制政府采购活动中的各种寻租现象，提高政府采购绩效。

四、防范寻租行为、促进政府廉政建设深化

分散采购参与人之间的博弈是合作型超优策略均衡解，所以，参与人合谋获取私利，造成政府采购资金的浪费，政府采购绩效的降低。从委托代理链条来看，分散性政府采购委托代理链条过长，集中采购制度委托代理关系比分散采购委托代理关系减少二级，减少了寻租存在的环节。现代的政府集中采购通过引入竞争机制，为采购活动提供了公开、公平、公正和有效竞争的运行环境，并有专门的机构和制度作保证，有利于抑制寻租行为的发生。如今，政府采购被纳入了法治化轨道，在相关的法律、法规、规章、制度及法定程序约束下，可以在一定程度上保证政府采购的透明度，避免发生寻租现象。集中采购模式中，采购参与方的"合谋"型博弈转化为"囚徒困境"型博弈。采供双方博弈的均衡解为不合谋，在这种非合作博弈条件下实现的均衡，可以有效地抑制采购活动中的各类寻租现象的发生，促进政府廉政建设。

第二节　政府采购在实际运行中寻租问题的描述性分析

由上一节对政府采购在预防寻租理论上优势分析可知，政府采购制度在理论上对预防寻租具有优势，然而，在实际运行中仍存在政府采购寻租问题。

一、我国政府采购寻租现象概况

在我国政府采购规模和采购范围的不断扩大同时，寻租现象也在蔓延，严重地影响了政府采购资金的使用效益，实行政府采购后，采购行为由零星分散采购变成了集中采购，资金和权力都高度的集中，如果监

督管理不到位，很容易形成由"分散寻租"到"集中寻租"的局面。全国各地每年都会发生许多或大或小的政府采购寻租案件。因为政府采购中蕴含着巨大的寻租机会，吸引着众多的利益集团参与分享和争夺租金份额。

我国每年因政府采购寻租损失数额巨大，到2013年为止，查处的一些重大工程事故、重大寻租案件，因政府采购违规操作而导致的寻租问题越来越受到关注。根据有相关部门统计显示，自2000年到2009年，我国仅仅公开报道出来的采购寻租案例就有2802件，而实际发生的寻租案件远远大于此数。截至2012年3月底，全国共查处工程建设领域违纪违法案件21766件，其中涉及招标投标环节的3305件，占总数的15.2%。案件查处情况表明，工程建设领域招标投标环节寻租案件仍然易发多发。通过对政府采购寻租案件与其他寻租案件的分析对比，结果表明在我国，政府采购寻租已成为我国寻租案件的高发区域。我们可以从三个方面了解详情：一是在所有2945件寻租案例事件中，政府采购寻租类案件共计731件，位于所有类型案件的首位，占总案件数的25%（见图4-2）。2009年1至9月份，已被立案调查的4654件工程建设领域的寻租案件中，涉及招投标的案件高达962件，占案件总额的20%（见图4-3）。二是自从2000年之后，我国政府采购寻租类案件绝对数居高不下，仅在2001年中有所缓减。2002年至2004年寻租案件数仍然持续不断增加。再之后每个年份中寻租案件数也接近高发区域，在2009年则达到93件的最高值（见图4-4）。三是每年的政府采购寻租案占该年份总案件数中的相对比例很大。从图4-5可以看出，采购寻租案件历年的相对数都超过20%，2008年的政府采购寻租类案件所占比例高达34%。虽然2009年的比重略微降低，但也几乎达到了29%的高峰（见图4-5）。

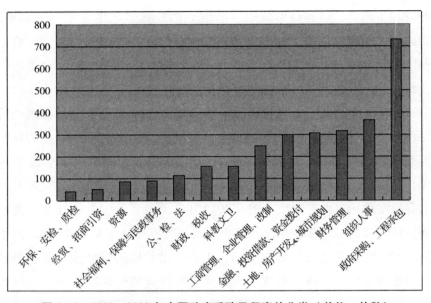

图4-2 2000—2009年全国政府采购寻租案件分类（单位：件数）

数据来源：我国2000—2009年寻租案例研究报告——基于2800余个报道案例

分析

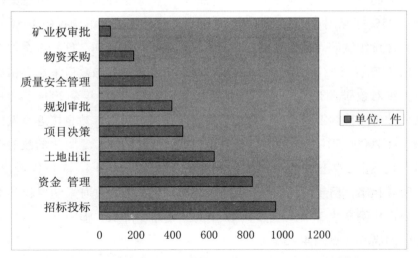

图4-3 2009年1—9月工程建设领域各环节发生寻租案件数

数据来源：国家预防腐败局办公室

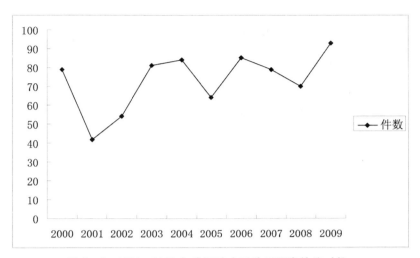

图 4 - 4　2000—2009 年我国政府采购寻租案件绝对数

数据来源：我国 2000—2009 年寻租案例研究报告——基于 2800 余个报道案例分析

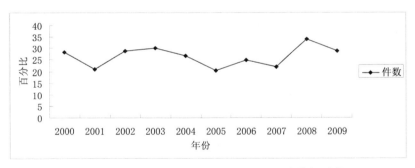

图 4 - 5　2000—2009 年我国政府采购寻租案件相对数

数据来源：我国 2000—2009 年寻租案例研究报告——基于 2800 余个报道案例分析

二、政府采购寻租问题的出现

一项政府采购完成，需要一个冗长而又复杂的过程，暗箱操作、权力寻租等各种政府采购寻租形式频繁出现。暗箱操作是指参与政府采购的人员在不公开、不透明的环境下，通过人为影响制造有利条件，企图使特定的投标企业中标，并从中牟取利益。公开招标作为政府采购的主要方式，其主要目的是防止暗箱操作，避免权钱交易，使得招标做到公开、公平、公正、透明。但现实中招标黑幕和乱象，已然使得招标变了味，致使"明制度"变成了"暗规定"。然而，最大的隐忧却在于形式上是合法的，实质上却存在着非法交易，用程序上的"合法"来掩盖非法交易的事实，如某些单位或个人在收受贿赂后，可以将大额的公开招标采购的项目（货物或服务）化整为零，分成几个小块进行采购，使每个项目都达不到公开招标的条件，或者故意缩短招标时间，使在规定的招标时间内用公开招标无法达到采购的要求，最终只能采取其他方式进行采购，也能让一些准备不足的企业来不及投标，减少竞争。在招标过程中，表面公开争标，暗地却联手操纵竞标，获取垄断利益等现象早已不是秘密，有几家供应商联合起来参与"围标"，最后大家轮流坐庄来中标，有的邀约其他几家供应商来"陪标"，中标后大家平分获利，个别地区甚至出现"露标"现象，评委与供应商相互勾结作弊，造成一些地方出现几家企业长期垄断政府采购的怪异局面，使政府采购制度无法实现公开和透明，进而难以保证制度的有效运行。例如，铁道部的京沪高铁建设项目，合同金额高达44.46亿元，监理和咨询等项目尚未招标就开始施工。2011年，江西萍乡市纪委、监察局通报查处了一起串通操纵投标的窝案串案，涉案金额高达2亿元，串通企业有100多家，共有22名官员涉嫌违纪。

　　政府采购寻租行为造成大量经济、社会资源的浪费，严重影响了政府采购的效率，这是对效率原则的一种违背。政府采购寻租问题的背后，总离不开"权力之手"，某些地区的政府采购，已基本上演变成官商勾结的寻租的专门场所。个别领导干部利用职务之便和少数供应商联合起来结成了"官商联盟"，在采购项目中相互进行利益交换，政府采购的公平性、公开性和竞争性造成了极大的损害，这是对公平原则的一种违背。

　　近几年我国在引进吸收发达国家先进经验的基础上，实行采购、付款、验收三者相互制衡的集中采购模式（见图4-6）。

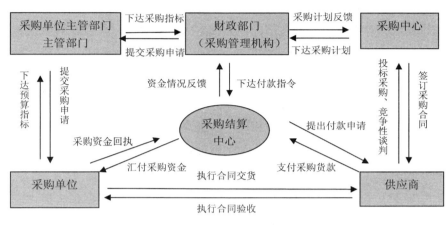

图4-6 政府采购机构关系示意图

在政府采购过程存在采购人—财政主管部门—政府采购管理机构—政府采购人员长长的委托代理链。由于各利益主体都是理性经济人，把自身利益的最大化作为追求目标。如果在采购信息不对称，采购管理的经验不足、监管力度偏弱的情况下，每一个环节都就容易产生设租、寻租行为。我国政府采购过程中各相关实体之间的利益关系，主要发生在以下几个环节：

1. 采购单位和财政主管部门之间的寻租。由于我国财政部门是政府采购的主管部门，采购单位需要向财政部门申请采购指标，采购资金的拨付也需要财政部门审批。这在一定程度上削弱了采购单位的权力，增大了财政部门的权力。采购单位通常希望提高采购的限额标准，也有的希望缩小采购的范围，个别的还以采购时间紧、专业性强等一些特殊理由，要改变项目名称，想方设法规避集中采购或公开招标。为了达到这些目的，于是积极向财政部门寻租。

2. 采购中心和财政部门之间的寻租。我国《政府采购法》规定，物品使用单位有权自行选择采购代理机构，任何单位和个人不得以任何方式为物品使用单位指定采购代理机构。① 这就是说政府采购人可以自由选择采购代理机构，同一地区有可能存在多家采购代理机构，采购代理机构之间存在竞争。财政部门因为拥有采购审批权，直接影响采购人的选择，集中采购机构为了获得更多的采购权需向财政部门寻租。此外，财政部门同时负责政府采购政策的制定，采购机构可以向财政部门寻租，通过影响政府采购政策的制定，来扩大政府采购中心的采购权力，以此为筹码在向供应商设租时一步提高要价。并且我国的采购主管部门和集中采购机构往往是一个部门财政部门，存在着监管漏洞，共同利益的驱使，也使它们之间可能存在寻租行为。②

3. 供应商和采购中心的寻租。一方面，集中采购中心有选择供应商的权力，他们之间事实上是一种买方与卖方的市场关系。政府采购规模大，范围广，这使得集中采购机构拥有更多的设租条件。在具体实践中，采购中心如果想帮助自己"中意"的某一个供应商中标，可以采用各种方法为其提供便利，帮助它扫除障碍，减少中标阻力。另一方面，由于集中采购的订单额度通常较大，利润丰厚，许多供应商愿意通过寻租手段来获得采购订单。

4. 供应商和采购单位之间的寻租。目前，我国对采购单位的权力与责任界定模糊，对于采购单位的处罚缺乏明确的依据和力度。并且采购单位是项目的最终的使用者，具有对项目验收使用的权力。我国《政府采购法》第41条规定，采购人或者其委托的采购代理机构应当组织对供应商履约的验收。③ 因此，采购单位在验收上具有对供应商设租的机会，并且也不愿意放弃最后的机会。供应商在中标后具体实施工作中也直接跟采购方打交道，为了更好地开展工作，或以后有更多的合作机

---

① 见《中华人民共和国政府采购法》第二章《政府采购当事人》第十九条。

② 姚立，吴霞. 政府采购的寻租现象分析及政策建议 [J]. 北京工商大学学报（社会科学版），2007（05）：103－107.

③ 见《中华人民共和国政府采购法》第四章《政府采购程序》第四十一条。

会，也清楚自己中标后很多工作都需要与物品使用单位打交道，供应商会主动选择对采购单位寻租。供应商寻租后，采购单位会在验收过程中降低验收标准，甚至不验收。

5. 供应商和采购结算中心之间的寻租。供应商向采购管理机构申请付款，采购管理机构再指令采购结算中心付款。结算中心付款的时间，以及故意拖延付款应如何处罚都没有具体规定，这样结算中心就存在向供应商设租的机会。因此，供应商为了尽快回收资金，防止结算中心故意拖欠货款，会主动向采购结算中心寻租。

6. 供应商和财政主管部门的寻租。财政部门虽然不直接参与政府采购的相关工作，但是作为政府采购的主管部门，对采购单位、采购机构、供应商以及结算中心的工作负有管理职能。供应商直接向财政主管部门寻租，再通过其作为主管部门的权力分别对其他部门施加影响，寻租成本将会降低。因此，许多供应商采取高额佣金或其他手段对财政主管部门寻租，以获得长期供应的机会。而财政主管部门面对高额利益的诱惑，往往则利用自己的权力优势进行设租。

第三节　政府采购寻租指数测度的结构方程度量法

政府采购寻租指数的测度有主观度量法和客观度量法，许多学者发现，通过主观度量法所测度的政府采购寻租指标并不与采购寻租的成因直接相关，因而感知到的采购寻租水平与真实采购寻租程度相关性较低，一旦其他因素得到控制，则感知到的采购寻租水平和真实采购寻租完全不相关，并且感知指数更多的是反映一国机构的质量而不是其实际的采购寻租程度。而客观测量到的采购寻租规模则容易对真实采购寻租产生较大低估。因此，迫切需要提出一个有意义的且具有可比性的政府采购寻租规模度量方法。

一、结构方程度度量法

政府采购寻租是一种隐秘行为，不易直接观察和度量，因而是隐性的。现有理论表明政府采购寻租的测量需依靠那些反映采购寻租成因及后果的可观测指标的度量。因此，我们可以建立一个结构方程模型来度量潜在变量（寻租）与上述可观测变量（寻租的成因及后果）之间的关系。在此，我们可以采用一个特殊的结构方程模型——多指标多因素模型（MIMIC）来度量政府采购寻租规模。

MIMIC 模型法的特点在于，其具有一个潜在的内生变量以及无测量误差的独立变量。模型的未知系数是通过结构方程中一系列间接反映潜在测变量的指标变量来独立估计的。不同国家政府采购寻租的原因变量和后果变量，可以用来估计结构方程模型，反过来也可从中得出各国寻租指数。MIMIC 模型由测量模型和结构模型两部分组成：

测量模型：$y = \gamma\eta + u$　　　　　　　　　　　　　　　　　　　　（4.1）

结构模型：$\eta = \beta'x + \varepsilon$　　　　　　　　　　　　　　　　　　　　（4.2）

式中：

y——是政府采购寻租的一组可观测的指标变量，$y = (y_1, y_2, \cdots, y_n)'$。

γ——表示潜在变量每变动一个单位后指标变量的变化量，$\gamma = (\gamma_1, \cdots, \gamma_n)'$。

η——表示政府采购寻租的潜在变量。

u——表示零均值的误差项，$u = (u_1, u_2, \cdots, u_n)'$。

β'——表示原因变量每变动一个单位后潜在变量的变化量，其中 $\beta = (\beta_1, \cdots, \beta_k)'$。

x——是政府采购寻租的一组可观测的原因变量，$x = (x_1, x_2, \cdots, x_k)'$。

ε——表示随机扰动项。

各扰动项是相互独立的，因此各指标是由共同的因素 η 的变化引起的。方程（4.1）是观测指标 $y = (y_1, y_2, \cdots, y_n)'$ 与共同因素 η 及误差 u 的验证性因素分析模型。而潜在变量 η 又是由给定的外生变量即原因变量 $x = (x_1, x_2, \cdots, x_k)'$ 和随机扰动项线性决定的。

该模型由两部分组成：在测量模型方程（4.1）中具体说明了可观测内生变量是如何受潜在变量影响的，而结构模型方程（4.2）说明了潜在变量与其原因变量之间的关系。由于潜在变量 η 是不可观测的，因此不可能直接估计出结构参数 β。将方程（4.2）代入方程（4.1）后，MIMIC 模型可以看成一个多元回归模型的简化形式，将可观测变量相联系，即：

$$y = \prod{}' x + z \tag{4.3}$$

式中：

Π——为简化形式的系数矩阵 $\gamma\beta'$。

z——为简化形式的扰动向量，$z = \gamma\varepsilon + u$。其中扰动项协方差矩阵为：

$$\theta_\varepsilon = E[(\gamma\varepsilon + u)(\gamma\varepsilon + u)'] = \gamma\gamma'\sigma_\varepsilon^2 + \theta_u \tag{4.4}$$

式中：

θ_ε——为扰动项协方差矩阵。

σ_ε^2——为干扰项 ε 的方差。

显然，方程（4.3）中简化形式的回归矩阵 Π 的秩与方程（4.1）中相等。扰动项协方差矩阵 θ_ε 作为单秩矩阵和对角矩阵的和，显然也与方程（4.1）的秩相等。这就要求在估计简化形式的模型之前，需将向量 γ 的其中一个元素预先设定为 1。结构方程模型将可观测变量的协方差矩阵记为 S，它根据一个给定模型的参数向量 δ 参数化而来的。模型参数是基于最小化函数估计而来的：

$$F = \ln|\sum(\delta)| + tr\{S\sum{}^{-1}(\delta)\} - \ln|S| - \rho \tag{4.5}$$

式中：

S——是可观测变量的协方差矩阵。

Σ^{-1} ——是协方差矩阵的估计值。

ρ——是可观测变量的个数，$\rho = k + n$。

一旦被假设的变量之间的关系成立并得出参数向量 γ 和 β 的值，就可通过计算（4.2）式得到潜在变量 η 的值，从而可以得到寻租指数。

二、我国政府采购寻租成因分析

造成寻租的原因十分复杂，并不能简单地通过某一因素来解释采购寻租的存在，若要将预防寻租进行的更为彻底，就必须了解政府采购寻租产生的各种原因。具体来说，可以从以下几个方面来分析：

（一）权力凌驾于规则之上

为了使一个正式规则能够约束权力，要求政府官员必须非人际关系化地实施规则。

在我国的政府采购领域中，还存在行政权力干涉政府采购的行为。一些采购人员利用手中掌握采购资金的权力，以及有选择供应商的权力，滥用手中的权力干涉政府采购，从而造成政府采购市场秩序的紊乱。采购人员会利用其手中的权力故意设置一些限制条件排挤一些供应商参与特定的采购活动，通过限制认为造成供给产品稀缺。在此状况下，找政府部门关键人物"打招呼"，已经成为一些采供应商拿到项目的"不二法门"。潜规则的存在使得供应商不再把产品的质量放在首要位置，而把更多的精力投入非生产领域，以通过非生产性手段获取政府采购项目的租金。由于最终决定权被少数特权垄断，致使政府招标采购相当一部分只是走过场，这造成了政府采购中"官商勾结、权钱交易"的局面。事实上，在我国无论是工程建设还是交通设备采购招标，都有明确的法律依据和操作规范，招投标制度已经比较完善，但在执行过程中仍存在不公开、不透明。从发生的采购招标寻租案来看，在权力面前，一些制度成了摆设，法律和制度的权威，在某些负责招投标管理工作的工作人员心目中远不如领导的官威。因此可以认为，由于缺乏自身的监督与管制，政府权力凌驾于制度之上，尤其是政府对经济的过度干预会助长寻租行为。在本书我们采用政府消费占 GDP 的比重来度量政府干预经济的程度，并假设：

假设1：政府权力越大，采购寻租规模越大。

（二）关系经济盛行的人情社会

长期以来，中国一直是个人情气氛很浓的国家，讲人情，讲关系，讲协调，是中国人的传统哲学。梁漱溟认为"中国社会既非个人社会，亦非社会本位，而是关系本位"。① 关系网可以分为两类，一类是基于人情而建立起来的关系网，另一类是利益关系的结合体。当关系规则从日常的生活等领域进入经济领域后，就成为一种非正式的经济规则。有的学者将以利益为中心、以关系为纽带的经济行为和交易，称之为"关系经济"②，关系经济是以关系远近、身份亲疏为界施予不同的交易规则，具有封闭、特权、垄断的特性，而市场经济则是建立在开放、平等、竞争的基础上，现阶段我国的交易方式大部分还是建立在关系经济的基础上的，而西方发达国家的交易方式大部分是建立在契约经济基础上的。关系经济的一个特点就是做生意办事情都要尽量找亲戚、朋友、熟人，或通过关系暗箱操作。在中国做生意，需要找关系，打通各个环节，所以做生意的成本很高。而在契约经济的环境下，当事人之间的交易是建立在自由、平等、诚信的基础上的，当事人只要认为交易合适，就通过签订合约来完成交易。而关系经济需要把创造的一部分价值用于

---

① 梁漱溟. 东西文化及其哲学 [M]. 台北：台北九鼎出版社，1982：183.

② 柴富成. 契约经济，关系经济，兼论我国第三产业发展 [J]. 当代经济（下半月），2008，01（214）：11 – 12.

关系的投资上，造成了社会资源的扭曲和浪费，破坏了市场的公平，使各种非经济的因素成为市场的主导因素，而原居于主要地位的质量、服务等经济因素则被忽视，导致了资源配置的不合理，浪费大量资源。在这种关系经济模式下，也造成了寻租和搭便车行为。

为了说明政府招标采购过程中关系和人情普遍存在必然性，我们从博弈论的角度举例说明。我们把采购过程简化成采购人和供应商两类参与人，采购人是项目的供给者，由于市场竞争激烈，采购人具有分配项目的权力，可以凭借权力通过照顾关系来谋取私利，而供应商是项目的需求者。在项目招标采购的过程中，采购人和供应商存在非合作的博弈关系。采购人有两个策略：看关系和不看关系；供应商也有两个策略：找关系和不找关系。我们分析假设：一是采购人和供应商具有完全理性；二是采购人只有一家，而供应商有两家；三是供应商的基本条件相当；四是招标采购过程中信息是充分的；五是招标采购一次性决定；六是采购人的代表只有一人，其薪金为10；七是每个供应商如果竞争成功可以获得相等的收益为100；八是供应商找关系的成本为5。

采购人和供应商之间的博弈关系，如表4－2博弈矩形表示：

表4－2　采购人和供应商之间的博弈关系

采购人 供应商	看关系	不看关系
找关系	（100－5，10＋5）	（100/2，10）
不找关系	（0，10）	（100/2，10）

从上面的博弈矩形可以看出，无论采购人看不看关系，供应商采取找关系的策略是最优的策略。同样，对于采购人来说，看关系也是最优的策略。

招标采购中供应商之间的非博弈关系，用表4－3博弈矩形表示：

表4-3 供应商之间的非博弈关系

供应商A / 供应商B	找关系	不找关系
找关系	（100/2 - 5，100/2 - 5）	（100，0）
不找关系	（0，100）	（100/2，100/2）

这是一个典型的"囚徒困境"问题，对任何供应商来说，不知道竞争对手做何种选择的情况下，找关系是最优的选择，这也是项目招标采购过程中人情、关系普遍存在的重要原因。

人情和关系影响着我国政府采购过程，凭借关系赢得政府合同成为我国政府采购的一个主要问题。正式规则是禁止在政府采购过程中企业与政府官员互相勾结。然而，现实生活中，非正式规则在很大程度上取代了正式规则，也就是说只有"圈内人"，才能赢得采购合同。谁有关系谁就能执牛耳，谁就会成为赢家，对于那些特殊的所谓供应商而言，只要关系过硬，便能畅通无阻地通过政府采购的所有环节。

中国人情和关系经济盛行，是受到社会和文化因素的影响，它助长了政府采购寻租的普遍性。同时，一个国家民众的文化水平也会不同程度的影响一国的寻租现象。民众受教育水平越高，则对政府采购中的人情和关系行为的容忍程度会越低，且其对政府采购的监督意识、预防寻租意识等相关方面会有所加强，从而抑制政府采购寻租活动的发生。若民众受教育水平低下，则不容易感知到政府采购的寻租行为，且有效反抗能力也越弱。本书采用每万人大学生数度量公民文化熏陶状况，以人均受教育年限/大学学历教育总年限（16年）来度量人均受教育程度，并假设：

假设2：人均受教育程度越高，则采购寻租规模越小。

（三）政府采购支出规模

政府采购是寻租的多发性领域。政府采购行为往往与民众意愿相关性不高，尤其是寻租官员常常希望将支出花费在能为他们带来更多寻租效应的公共资源或者那些难以分辨其真实价值的产品上。

在各种类型的工程采购中，尤其是基础建设工程项目采购非常容易诱发寻租，更甚至一些工程项目采购的出现即是某些个人或政治组织的有意行为，以便从中获取贿赂，相对而言，在大型装备及各种高新科技产品生产的领域易引发采购寻租。

政府官员作为政府采购行为的采购者，在与供货商之间的任何一个采购环节都可能导致各种寻租行为的出现。例如，在得到采购合同前，采购者可以通过：指定特殊的规范来指定特定的供货商；限制投标机会相关信息的发布；以紧急状态为由来避免竞争从而签订特定合同，破坏供货商供货的机密性，故意以不恰当的资格审查使潜在供货商丧失资格；受贿等。与此同时，供货商也可以通过串谋以确定价格；在评估人员的工作中进行不合适的干涉；支持歧视性的技术标准；行贿等。

另外，政府采购支出伴随的预算外账户，由于其不透明性，且管制性差，其所包含的资金容易被挪用于非法用途，从而滋生寻租。本书采用政府采购支出占财政支出的比重来度量政府支出规模，并假设：

假设3：政府采购支出规模越大，则采购寻租程度越高。

（四）政府采购人员相对工资

政府采购寻租是政府采购人员滥用权力以获取私利的行为，那么作为采购人员合法收入——工资性收入的高低也就在很大程度上决定了是否会发生采购寻租行为。相对工资表示政府采购人员工资与机会成本之比，是采购人员的相对收入。政府采购寻租行为一旦被查处，采购寻租人员极有可能要被革职，所以当采购人员的相对工资越高，其损失也就越大，不仅包括所拥有的高工资，甚至包括住房、医疗保险和养老金，这样一来政府采购寻租的成本会大大提高，进而其寻租动力也就越小。而若采购人员工资越低，无法通过合法收入来获得体面的生活，则会促使采购人员寻求不法途径来贴补自己的微薄收入，例如以权谋私、官商勾结等。当然，这与该国的制度建设以及制度执行力度也有关，若政府采购查处率低下，则相对工资与政府采购寻租行为之间的关系越不显著。对于大多数发展中国家来说，由于经济发展水平较低、政府财政收入不高，与政府采购寻租可能获得的非法收入相比工资收入是十分微小的，那么提高工资水平对于控制政府采购寻租的效果就会十分微弱。在不考虑其他因素的情况下，多数学者认为采购人员工资与寻租之间存在显著的负效应。在一定范围之内，随着采购人员工资的提高，政府采购寻租程度会慢慢降低，即"高薪养廉"。这一观点也得到了不少学者的论证，例如胡鞍钢和过勇（2002）、吴一平（2008）等人。从实践的角度看，高薪养廉的有效性在新加坡和中国香港等地也得到了实证。根据世界银行的一项跨国调查显示，采购人员相对于制造业工人的工资水平越高，其寻租程度越低。本书采用政府采购人员平均工资占行业平均工资的比重来度量采购人员相对工资，并假设：

假设4：采购人员相对工资越高，则寻租规模越小。

（五）政府采购制度完善与执行

我国的政府采购制度是向西方发达国家学习和借鉴的，政府采购制度从试点、立法到具体实施的整个过程，由于经历的时间较短，在制定政府采购的相关法律时缺乏足够的预见性，在具体的实践中积累的各种经验也不足，在实际工作中的具体做法还很粗糙，可操作性不强。目前，我国还没有统一规范的政府采购管理模式，政府采购机构在性质上以及体制上差异很大。因此，在实施过程中难免会出现问题。

1. 相关法律规章制度不健全、不匹配

现行法律制度体系主要由《政府采购法》和部门规章组成，还没形成完成的政府采购法律法规体系。《政府采购法》对政府采购管理具体工作的指导作用有所欠缺，各地政府制定了不同采购实施细则，缺少统一规范性。由于全国的法律法规体系不完善、新旧法律法规之间不连续、各地各部门之间规章不统一，政府采购在实际运行中不可避免地存在着较大的不规范，经办人员在实际操作也存在很大的随意性。例如，《政府采购法》第 1 条提出"提高政府采购资金的使用效益"的目标，而第 9 条又提出政府采购应"有助于实现国家的经济和社会发展"的目标，而对于如何解决两者的冲突，政府采购法没有明确说明。对于具体怎么支持中小企业的发展如何扶持本国产品等方面，在政府采购的相关法律、制度、规定中也还没有做出明晰规定，这就导致在实际执行中难以有效操作。《政府采购法》第 10 条中提出要优先采购国货，但对国货的界定却没有统一规定。我国与西方国家不同，西方国家只有大财政部，而我国财政部和发展改革委并存。《政府采购法》与《招标投标法》在采购过程中所涉及的内容存在较大差异。比如《政府采购法》第 2 条和《招标投标法》第 4 条对工程采购的规定就自相矛盾，《政府采购法》规定的采购主体不包括企业，而《招标投标法》则规定采购主体可适用于企业；《政府采购法》提倡进行集中统一的采购，而《招标投标法》基本上以分散采购、自主采购的模式进行为主。我国政府采购的方式有公开招标等五种采购方式，其中公开招标是公认的标准化和富有竞争力的采购方式，能够体现公平、公正、公开原则，能在一定程度上遏制徇私舞弊的行为。作为我国政府采购最主要的方式，《政府采购法》并没有对公开招标的程序及其适用的具体情况做出具体说明，这样在实际操作过程中有些部门根据自身利益需要可以随意选择具体的采购方式。采购方式选择不合规及程序不规范就会导致寻租行为乘虚而入。

2. 机构设置不规范、监管乏力

我国《政府采购法》把财政部门定位为政府采购的主管部门，政府集中采购机构是具体采购事项的执行机构，但是没有明确集中采购机构设立的统一和规范。比如，中央国家机关政府采购中心和辽宁省集中采购机构，两者都是参照公务员管理的事业单位。前者是由国务院委托给国家机关事务管理局进行管理，后者却设在财政部门。吉林省政府采购机构隶属于省直机关事务管理局，却又是财政全额拨款的事业单位；上海市实行政府采购管理委员会，下设采购执行机构，属财政全额拨款事业单位；深圳市集中采购机构为市政府直属部门，属于公务员系列；北京市集中采购机构行政上挂靠市国资委，是参照公务员管理的全额拨款事业单位；海南省设在商务厅下面，属于自收自支的事业单位；而承担政府集中采购任务的重庆招标采购（集团）有限责任公司则是属于企业性质。另外，各个地方的集中采购机构的级别也没有明确的规定，有的是副厅级单位，有的是处级单位，内部机构如何设置也无统一的标准，因职能不同内部机构设置差异也很大。因此，监督人员在政府采购过程中难以实施有效的监督。同时，我国现行的制度对政府采购寻租行为界定模糊，处罚力度缺乏威慑力，这就使得寻租者在进行寻租时可以不顾后果。

政府采购制度的执行力度可以从财政审计等监督部门支出的多少来侧面反映，若一国的监督部门支出越高，则制度执行力度相对较大，可以通过对政府采购寻租案件的发现与惩处来遏制寻租的滋生蔓延。本书采用财政和审计等部门支出占政府采购支出的比重来度量执法力度，并假设：

假设5：制度执行力度越强，则采购寻租规模越小。

（六）企业市场化水平

市场化是建立在宏观经济的调节方式由计划调节向市场调节的基础上的，也是社会中各项经济范畴发生相应变化的过程，市场化的本质是调节方式的转变。另外，在转变过程中也需要社会中的一些经济范畴之间的配合变动。非公有制的蓬勃发展是市场化进程的主要的标志之一，随着非公有制经济在整个国民经济中的比重不断增大，其在国民经济的地位也逐渐提高，并逐步在各个方面得到了整个社会的认可。非公有制经济作为政府采购主体之一，正逐步形成主自主经营、自负盈亏的经济主体，以适应市场化的需要，非公有制经济的发展壮大，实力增强有利于在同一起跑线上与公有制企业就政府采购展开竞争。政府行为市场化水平对寻租产生重要影响，政府应在促进市场发育，致力于规范化市场秩序和法律制度的建设方面发挥重要作用，同时还要在自身行为的约束上下功夫。由于政府对市场管制太多，权力过大，为政府官员留下权力设租寻租的空间。在我国不同性质的企业在招标采购市场上享有不同的、差别极大的待遇。公有制企业优于非公有制企业，公有制企业中标机会远大于非公有制企业，特别是大的项目，中标的大多数都是大型公有制企业。国内外经验证明，政府遵循市场经济规律，推动市场化改革是遏制寻租的基本途径，预防寻租的关键是要约束权力，减少管制，推动市场化。目前，我国政府采购存在的寻租现象，是市场竞争主体在市场竞争中机会不均等、不平等所导致的不公平结果，也导致了政府采购政策的公平竞争机制失灵。为了反映非公有企业运营的状况，本书选取"非公有经济工业总产值占全部工业总产值的比重"来反映企业市场化水平。

假设6：企业市场化水平越高，则采购规模越小。

三、我国政府采购寻租后果分析

（一）经济增长

政府采购寻租对经济的抑制性可以体现在以下几个方面：首先，政府采购寻租的存在会给采购过程带来额外的寻租性成本，从而降低政府采购的绩效；其次，政府采购寻租会使人们对政府采购市场和政府采购制度失去信心，会导致越来越多的人把注意力转移到幕后竞争中，而把质量、服务等经济因素则降为次要地位，进而阻碍经济增长。根据现有的实证、区域和跨国研究，我们认为，政府采购寻租将会阻碍地方经济发展，而各地区预防寻租力度的差异也会对经济增长造成不同的影响。本书采用实际 GDP 增长率来衡量经济增长率，并假设：

假设 7：政府采购寻租会抑制经济增长。

（二）政府采购支出与市场主体采购支出

我国固定资产投资中相当部分是工程投资和货物采购，而在政府采购支出中，工程和货物采购是支出的重要组成部分，因此，可用全社会固定资产投资中的国有经济投资和非国有经济投资数据作为替代指标，以此观察我国政府采购支出与市场主体采购支出的宏观经济效应，因为国有经济投资的主体主要是政府，而非国有经济投资的主体一般是市场主体。

政府采购支出政策影响寻租规模的同时，寻租还会反过来影响政府采购的支出。一些高层官员往往拥有采购项目支出的决策权，它在诱发寻租的同时，也受寻租行为的影响。寻租往往会扭曲政府采购项目的支出数量与结构，并降低政府采购支出的效率。

另外，由于政府采购寻租的存在，政府采购分配合同会降低政府采购服务与基础设施建设的质量。而国家为了尽可能减少政府采购寻租的发生，制订了一系列复杂且高成本的程序，然而它在减少采购寻租的同时也会造成其所购买的商品成本和服务的价格上涨，从而降低政府采购绩效。

由于政府采购寻租会增加政府采购支出，从而会增加市场主体采购的成本，对市场主体采购支出造成挤出现象，因此会降低非国有经济投资。这一观点也得到了不少学者的研究证实。

本书采用国有经济投资占总投资的比重来度量政府采购支出，并假设：

假设 8：政府采购寻租导致政府采购支出不合理。

第四节 政府采购寻租的度量：结构方程模型

一、变量说明

在结构方程中，将政府采购寻租规模作为隐变量，同时考虑决定政府采购寻租的原因变量，包括权力凌驾于规则之上、关系经济盛行的人情社会、政府采购支出规模、政府采购人员相对工资、政府采购制度完善与执行、企业市场化水平；并以经济增长率、政府采购支出与市场化支出等作为指标变量，建立多指标多原因模型，通过计量方法测算政府寻租指数。

在估计时，为尽量保持全书样本区间统一性，本书选用数据区间仍为2003—2012年中国省级面板数据，为便于阶段性比较研究，采用2003—2012年每三年平均数来进行统计。原因变量中，政府权力采用政府消费占财政支出的比重（zfqlgov）来表示；关系经济盛行影响采用人均受教育程度（pct_ edu，即人均受教育年限/大学教育年限来表示）；政府采购支出规模采用政府采购支出占财政支出的比重（zfcgzcgov）来表示；采购人员相对工资采用采购人员平均工资占行业平均工资的比重（perwage）来表示；政府采购制度完善与执行采用财政与审计支出占财政支出的比重（czsjgov）来表示；非公有经济工业总产值占工业总产值的比重（qysch）来表示。指标变量中，经济增长率采用GDP增长率（gdprate）表示；国有经济投资采用国有经济投资占总投资的比重（pubinv）表示。

结合并根据前文提出的结构方程模型以及关于寻租的各原因变量和指标变量，本书给出多指标多因素模型路径图，如图4-7所示。

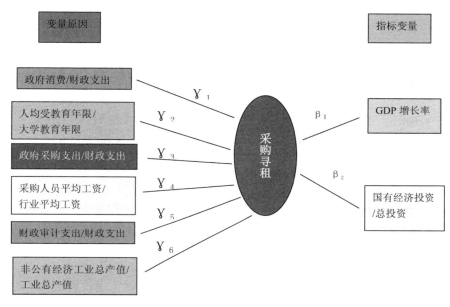

图 4 - 7　多指标多原因模型路径图

二、数据说明

模型中的原因变量和指标变量所需数据自 2003—2012 年《中国统计年鉴》和《中国政府采购年鉴》。各变量的描述性统计结果如表 4 - 4 所示。

表 4 - 4　原因变量和指标变量描述性统计结果

变量名	均值	标准差	最小值	最大值	变量说明
zfqlgov	0.1214	0.0187	0.0724	0.2023	政府消费/财政支出
pct_ edu	0.3164	0.0289	0.3153	0.6167	人均受教育程度
zfcgzcgov	0.1029	0.0692	0.0305	0.5106	政府采购支出/财政支出
perwage	1.1300	0.1457	0.7810	1.6710	采购人员平均工资/ 行业平均工资
gjfgov	0.0437	0.0102	0.0316	0.1009	财政审计支出/财政支出

续　表

变量名	均值	标准差	最小值	最大值	变量说明
qyszh	0.0872	0.0381	0.0537	0.1748	非公有经济工业总产值/ 工业总产值
pubinv	0.3013	0.1021	0.1123	0.5118	国有经济投资/总投资
gdprate	0.1019	0.0122	0.0720	0.1123	GDP 增长率

三、MIMIC 模型的估计结果

（一）模型的估计与分析

模型的识别和选取依据为：通常从假设模型开始，逐步将统计不显著的结构变量剔除，并根据卡方检验的概率值，调整后的拟合优度指标（AGFI），近似误差均方根（RMSEA），标准化残差均方根（SRMR）等检验值来综合考虑并确定模型。此外，还可以通过增删原因变量来调整模型并比较模型的拟合度，如果简单模型与复杂模型的拟合度差不多，则选用简单模型，而不是参数越多越好[①]。

表 4 - 5 是利用 Amos20.0.0 软件所估计的 MIMIC 模型结果，通过不同的原因与指标变量相组合，一共得到了四组模型结果。结果显示，采用表中任何估计形式，各变量的估计系数都具有统计显著性，并且符合理论预期。政府权力、政府采购支出与寻租呈显著正相关关系，制度执行力度、公民受教育状况、采购人员相对工资、企业市场化水平与寻租呈显著负相关关系，这证实了前面提出的假设 1 到假设 6。从估计结果还可以看出，寻租与公共投资呈显著正相关，与经济增长呈显著负相

---

① 杨灿明，孙群力. 中国各地区隐性经济的规模，原因和影响［J］. 经济研究，2010（04）：93 - 106.

关，这表明，随着寻租水平的上升，扩大政府公共投资、挤出私人投资，同时会抑制经济增长，这证实了假设 7 到假设 8。

表 4 - 5　结构方程模型 MIMIC 估计结果

	M3 - 1 - 2A	M3 - 1 - 2B	M - 2 - 1 - 2	M3 - 1 - 2C
原因变量				
zfqlgov	0. 372 * * * (3. 997)	0. 282 * * * (4. 131)	0. 516 * * * (4. 672)	—
pct_ edu	- 0. 321 * * * (- 4. 747)	—	—	- 0. 192 * * (- 2. 372)
zfcgzcgov	—	—	—	0. 510 * * * (6. 170)
perwage	—	- 0. 321 * * * (- 4. 747)	—	- 0. 192 * * (- 2. 372)
gjfgov	- 0. 274 * * (- 3. 524)	—	—	—
qysch	—	- 0. 317 * * (- 3. 012)	—	—
指标变量				
pubinv	0. 735 * * * (6. 323)	0. 607 * * * (6. 691)	0. 806 * * * (4. 698)	0. 607 * * * (6. 132)
gdprate	—	—	- 0. 295	—
模型拟合度指标				
卡方值	3. 711 p = 0. 294	12. 731 p = 0. 005	3. 455 p = 0. 178	4. 388 p = 0. 356
df（自由度）	3	3	2	4

	M3 – 1 – 2A	M3 – 1 – 2B	M – 2 – 1 – 2	M3 – 1 – 2C
AGFI	0.939	0.805	0.931	0.946
RMSEA	0.045	0.165	0.078	0.029
SRMR	0.0296	0.0566	0.0569	0.0466

注：圆括号中为 z 统计值的数值，＊＊、＊＊＊分别表示 z 统计值满足 5%、1% 的显著性水平。

1. 卡方值越小，p 值越大，则说明拟合程度越高。

2. AGFI 为调整后的拟合优度指数，取值在 0—1 之间，一般要求 AGFI > 0.9。

3. RMSEA 为近似误差均方根，取值在 0—1 之间，若 RMSEA 在 0.05—0.08 之间，则模型拟合不错。

4. RMR 为标准化残差均方根，取值在 0—1 之间，若 SRMR < 0.05，则模型拟合效果可以接受。

（二）测算政府采购寻租指数

根据上述的模型识别和选取依据，并通过比较检验结果中的各项拟合度指标，本书选取 M3 – 1 – 2A 模型，该模型的卡方为 3.711（p = 0.294）、RMSEA 为 0.045、SRMR 为 0.0296、AGFI 为 0.939，这表明样本协方差矩阵 S 与假设模型隐含的协方差矩阵的拟合效果非常理想。在该模型中，包含政府消费占 GDP 的比重（gcongdp），每万人大学生数（student）、公检法司支出占财政支出的比重（gjfgov）、非公有经济工业总产值/工业总产值（qysch）四个原因变量，以及 GDP 增长率和国有经济投资占总投资的比重（pubinv）两个指标变量。根据原因变量的估计系数，我们得到结构方程如（4.6）所示。

$$\eta_{i,t} = 0.372 * zfqlgov_{i,t} - 0.321pct - edu_{i,t} - 0.274 * gifgov_{i,t}$$

$$(4.6)$$

由（4.6）式，可以计算各省市区 2004—2012 年每三年政府采购平均寻租指数，结果如表 4-6 所示。

表 4-6　各地区 2004—2012 年每三年平均寻租指数

省　份	2004—2006	2007—2009	2010—2012
北　京	0.0183	0.0208	0.0204
天　津	0.0089	0.0103	0.008
河　北	0.0077	0.0129	0.0093
辽　宁	0.0186	0.0043	0.0030
上　海	0.0093	0.0116	0.0105
江　苏	0.0076	0.0147	0.0072
浙　江	0.0087	0.0109	0.0087
福　建	0.0182	0.0088	0.0071
山　东	0.0179	0.0106	0.0109
广　东	0.0071	0.0018	0.0079
海　南	0.0161	0.0132	0.0112
东部平均	0.0127	0.0111	0.0082
山　西	0.0122	0.0118	0.0182
吉　林	0.0279	0.0171	0.0142
黑龙江	0.0125	0.0243	0.0198
安　徽	0.0164	0.0090	0.0097
江　西	0.0129	0.0092	0.0094
河　南	0.0158	0.0137	0.0119
湖　北	0.0177	0.0191	0.0174
湖　南	0.0197	0.0178	0.0107
中部平均	0.0169	0.0153	0.0138

省 份	2004—2006	2007—2009	2010—2012
内蒙古	0.0145	0.0267	0.0264
广 西	0.0252	0.0154	0.0127
重 庆	0.0205	0.0163	0.0118
四 川	0.0161	0.0138	0.0115
贵 州	0.0403	0.0305	0.0271
云 南	0.0402	0.0252	0.0307
陕 西	0.0076	0.0046	0.0157
甘 肃	0.0318	0.0412	0.0452
青 海	0.0703	0.0701	0.0568
宁 夏	0.0415	0.0290	0.0278
新 疆	0.0424	0.0562	0.0546
西部平均	0.0318	0.0299	0.0291
全国平均	0.0204	0.0187	0.0172

另外，为了比较不同区域寻租指数的差异，表4－6还给出了东、中、西部地区的平均寻租指数，由此可以做出各区域2004—2012年寻租指数走势图，如图4－8所示。由图中可以发现，东中西部地区的寻租指数均呈逐年缓慢下降趋势，且东部寻租指数最低，与中部寻租指数均低于全国平均寻租水平；而西部寻租指数最高，远高于全国平均寻租指数。这与透明国际发布的寻租感知指数相似，其中发达地区的清廉度最高，发展中国家次之，而经济落后的欠发达国家清廉度则最低。从各地区的寻租指数可以看出，三个地区的寻租状况与国内主观感知的寻租水平也是一致的，且与相应地区的经济水平、政府管理状况及文化教育水平等实际情况相符合。

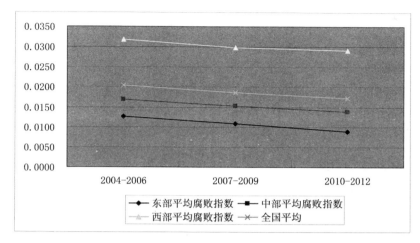

图 4 – 8 2004—2012 年东中西部寻租指数走势图

四、MIMIC 模型估计结果分析

首先，度量结果表明，2004—2012 年全国政府采购寻租指数在0.0172—0.0204 之间，虽然寻租指数较高，但是逐年呈缓慢下降的趋势。此外，东中西部地区的政府采购寻租指数同样有缓慢下降趋势；且东部政府采购寻租指数最低，东部与中部政府采购寻租指数均低于全国政府采购平均寻租水平，而西部政府采购寻租指数最高，远高于全国政府采购平均寻租指数。这说明东部企业市场化水平相对较高，寻租指数较低。

其次，政府权力过大、政府采购支出、采购制度执行力度、公民受教育状况、采购人员相对工资、企业市场化水平等是影响政府采购寻租的主要因素，且加强政府权力、增加政府采购支出会显著提高政府寻租指数；而随着制度执行力度、公民受教育程度与采购人员相对工资的提高，则可以显著地抑制政府采购寻租水平。在这些因素的共同作用下，政府采购寻租指数呈现逐年缓慢下降的趋势。

最后，实证模型表明，随着采购寻租程度的提高，会抑制经济增长，从而会增加市场主体采购的成本，同时挤出市场主体采购支出。

第五节　本章小结与启示

一、本章小结

本章从理论上分析了政府采购制度在预防寻租行为和反腐倡廉方面的优势，然后分析了政府采购制度在实际运行中存在的寻租问题。由于政府采购寻租是一种隐秘行为，不易直接观察和度量。现有理论表明政府采购寻租的测量需依靠那些反映采购寻租成因及后果的可观测指标的度量。因此，为进一步检验我国政府采购绩效低的程度，本章建立一个结构方程模型来度量潜在变量（寻租）与上述可观测变量（寻租的成因及后果）之间的关系。并采用一个特殊的结构方程模型——多指标多因素模型（MIMIC）来度量政府采购寻租规模。我们发现：2003—2012年虽然全国政府采购寻租指数较高，但是逐年呈缓慢下降的趋势。此外，东中西部地区的政府采购寻租指数同样有缓慢下降趋势，且东部政府采购寻租指数最低，与中部政府采购寻租指数均低于全国政府采购平均寻租水平，而西部政府采购寻租指数最高，远高于全国政府采购平均寻租指数，这说明东部企业市场化水平相对较高，寻租指数较低。此外，发现政府权力过大、政府采购支出、采购制度执行力度、公民受教育状况、采购人员相对工资、企业市场化水平等是影响政府采购寻租的主要因素。最后，实证模型表明，随着采购寻租程度的提高，会抑制经济增长，从而会增加市场主体采购的成本，同时挤出市场主体采购支出。

二、本章启示

在我国政府采购的原则、目标和监督框架的规定基础上，政府采购制度制定相对较为完备的规章、制度和操作流程，为预防寻租问题提供了制度保障。政府采购制度虽然在理论上具有预防寻租优势，然而在实际运行中寻租的问题却依然存在。因此，我们在重视政府采购制度建设的同时，应该加强政府采购制度执行的相关配套制度建设，为政府采购制度发挥预防寻租作用创造良好运行环境。同时，加强政府采购制度的执行力度，严格按照政府采购制度来规范政府采购行为，杜绝权力凌驾于规则之上行为的发生，对于已发生的寻租问题要加大惩罚力度。

第五章 政府采购制度：提高绩效与
预防寻租之间的冲突

在第三章与第四章分析和论证我国政府采购绩效低和寻租的基础上，本章深入剖析政府采购绩效与预防寻租冲突原因及表现，并构建模型对政府采购绩效与预防寻租冲突问题进行检验，同时，著者结合实地调研案例来验证模型的结论。

第一节 政府采购制度绩效与预防寻租之间目标冲突

政府采购制度绩效与预防寻租存在四个方面的关系（图 5 – 1），一是提高采购绩效，增强预防寻租，这是政府采购制度的基本目标，也是理想状态；二是提高采购绩效，削弱预防寻租，如果提高采购绩效，需要简化采购程序，使政府采购缺少相关制度和程序约束，削弱预防寻租；三是降低采购绩效，增强预防寻租，通过对采购规范和约束，增强预防寻租，降低采购绩效；四是降低采购绩效，削弱预防寻租。根据第三章和第四章结论，至 2013 年止，我国政府采购绩效与预防寻租之间的关系是第四种关系，采购绩效降低而寻租问题没有有效解决，即存在采购绩效低与寻租双重问题。

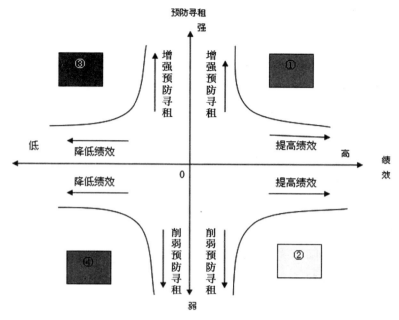

图 5 - 1 政府采购绩效与预防寻租关系图

一、政府采购制度绩效与预防寻租冲突原因

（一）政府采购制度绩效与预防寻租目标不一致

提高政府采购的绩效和促进廉政建设是政府采购的基本目标，也就是追求政府采购领域的绩效与预防寻租及其二者之间的平衡。但是，政府采购在实际执行过程中，两者出发点有时是有区别的，有时甚至截然相反。

根据新制度经济学的观点，制度的运行需要一定的交易成本，因为一些制度存在摩擦或冲突。我国政府采购在实践中即没有明显的提高采购绩效，也没有使政府采购寻租得到有效的控制，反而出现绩效偏低和寻租现象并存的问题。政府采购制度绩效与预防寻租目标冲突，从政府采购制度本身来看，一是为了达到预防寻租目标，需要设置和执行一些细致的采购程序和执行环节，这样就会使采购的交易成本增加，导致采购绩效的降低。如果过分强调绩效优先原则，简化工作流程，减少规章制度的约束，可能会降低预防寻租的效应。二是政府作为市场采购主体必须尊重市场经济规律，同时又要实现公共利益最大化。政府采购方作为市场交易主体，必须最大限度地实现自己的利益，这与实现公共利益和预防寻租目标相冲突。从政府采购法律体系来看，都对实现政府采购绩效与预防寻租的功能给予肯定，但是《政府采购法》与《招投标法》在具体的程序、适用范围等方面存在不一致或冲突，甚至相关部门规章制度之间也存在不一致或冲突，法律规章之外的政策还占据很大部分，且在政府采购领域发挥重要作用，这些政策在实际运用过程中有很大的灵活性和操作空间，这就导致政府采购绩效与预防寻租目标难以实现，并存在冲突的问题。

（二）市场经济体制不健全

中国正处在由计划经济向市场经济转轨的重要时期，市场经济体制还有很多不完善的地方。首先，企业是政府采购主体之一，也是政府采购的微观基础，还没有完全形成"自主经营、自负盈亏"的硬约束机制；政府采购主体以及政府采购监督管理部门还没有完全转变职能，离市场化的要求还有距离；还没有形成完全竞争的市场环境，使各类竞争主体不能再同一起跑线上竞争，而且各类市场主体拥有的市场机会也不均等、不平等的竞争必然导致不公平的结果，从而使政府采购政策的公平竞争机制失灵。市场经济的滞后，容易使市场失灵，需要政府来弥补市场的缺陷，政府权力的过多介入使权力与市场界限不清，政府过多干预经济，甚至完全取代市场行为，市场不能有效传递信息、不能有效发挥资源配置的作用。政府既是政府采购市场主体，又是政府采购管理主体，政府官员既制定政府采购规则制度，又要参与政府采购实际操作，很容易将手中的权力运用到市场中，造成不公平竞争，干预市场的正常交易。政府官员利用权力对政府采购市场干预，给个人或部门带来巨大经济收益，导致政府采购寻租加剧，寻租问题带来政府采购绩效的降低。其次，我国是"熟人社会"，人情关系等非正式制度干扰了法律，先天不足的规则、制度在社会中的作用更加弱化。政府采购绩效偏低，甚至寻租盛行，弱化政府采购制度预防寻租的功能。再次，非正式制度在我国盛行，这与市场经济不相符，非正式制度存在导致政府采购制度执行时被"软化"甚至"扭曲"。中央及地方各级政府针对提高政府采购绩效和预防寻租的制度制定得并不少，然而政府采购仍然存在绩效低与寻租双重问题，就是因为政府采购制度在执行中打折扣，做变通所导致。政府采购制度失去威严和效力，一系列寻租问题接踵而来，政府采购绩效也就发挥不了应有的功能。最后，我国经济发展的不均衡。我国东西部地区社会经济发展差异较大，即使在经济相对发达的东南沿海地区，不同市县的市场发育也存在着不平衡。在市场发育不健全、市场机制失灵、统一的市场体系尚未形成的前提下推行政府采购制度，实现其提高绩效与预防寻租的双重目标十分困难。

（三）思想认识的不适应与利益驱动

我国正处于由计划经济到市场经济转型时期，一些旧思想观念仍存在于部分人头脑之中，他们不去学习掌握政府采购知识，对政府采购制度缺乏基本的了解，对政府采购制度提高绩效与预防寻租缺乏应有的了解，甚至个别单位或部门会因利益受到损害产生抵触情绪。例如，有的部门和单位过分放大政府采购制度作用，认为其可以解决政府采购存在的一切问题；而一些部门或单位把政府采购看作是采购方式的改变，更没有认识到政府采购制度改革带来的多层次的意义，没有意识到政府采购制度对提高绩效和预防寻租的作用；一些预算采购单位没有认识到政府采购预算的权威性，他们不经审批擅自支配政府采购预算资金；也有的单位认为进行统一集中采购是一种新形式的供给制；有的政府采购管理机构的工作人员，没有按照规章制度执行政府采购，往往把采购搞成控购等。

中国过去长期实行计划经济体制，计划体制下各地方政府和各部门各自为政，这种思维在某些地方政府和部门依然存在，地方政府或部门在进行政府采购时往往会优先考虑本地或本部门利益，主要采购本地或本部门供应商产品，对外地供应商和非本部门所属供应商采取歧视性政策。同时，政府采购需要面向社会公开招标，通过公平竞争方式获得采购工程和服务项目，对一些部门的权力产生很大的冲击。因此，这些部门认为财政统管政府采购是财政收权，因而片面强调本部门的利益和困难，利用职权实行支出领域的贸易保护和经济垄断，使得工作措施不到位，力度不大。由于长期受官本位的影响，只注重审批程序、而不重视管理，忽视对采购过程实质性的管理和监督，造成政府采购寻租问题大量存在。由此可见，认识偏颇和利益驱动，是实现政府采购制度提高绩效与预防寻租冲突的首要原因，而观念和思维方式转变的难度，远远胜于完善制度本身。

二、政府采购制度绩效与预防寻租冲突表现

（一）政府采购制度制约寻租发生，而降低政府采购绩效

通过设立专门的采购部门，制定严格的采购计划，建立多方位的监督机制，包括财政部门、审计部门和供应商等对政府采购进行多方面的监督约束，有利于遏制采购过程中的幕后交易、权钱交易以及暗箱操作等寻租问题产生。以公平、公开的原则引入竞争机制，使政府的行政行为透明化，所有的采购活动必须在阳光下运作，同时，接受来自财政、审计、供应商和公众的多重监督，将寻租拦阻在第一道门槛之外，源头防腐。

一是从制度上建立预防寻租的机制，由于在分散采购环节，没有相

关规章制度的约束，为幕后交易行为的发生提供了可能性，分散采购成为滋生寻租行为的温床。而政府采购制度从制度上规范了政府采购行为，并对采购过程进行全面监督。政府以身作则以自己的行为影响整个市场竞争的有序进行。而且，政府采购整个过程都要求参与方严格按照现代竞争法来规范自己，凭借自己企业的实力、产品质量、服务信誉等优势，通过竞争来赢得采购合同，为政府采购公平竞争创造公平环境，在制度上也规范了企业的竞争行为。二是根据国际惯例，政府采购管理部门可以对供应商的高层管理人员进行特定的监督管理，如设置一定的限制条件，把一些不遵纪守法的供应商排除在政府采购之外。我国政府采购制度应学习和借鉴这一国际惯例，使政府采购制度能够有效地规范和约束企业行为，预防企业通过行贿等非法手段获取政府采购合同，从源头上预防采购寻租的发生。

权力制衡在预防政府采购寻租方面发挥着重要作用，却制约了政府采购绩效的提高。由于部门和职能的交叉重叠降低了政府采购的决策效率和执行效果，降低了政府采购绩效。同时，政府采购制度的建立必然要设定和执行细致的程序和环节，这就意味着政府采购程序的增加，也就意味着政府采购交易成本的增加，使得政府采购绩效降低。所以建立政府采购制度在遏制寻租行为的同时付出了牺牲一定采购绩效的代价。

（二）强调绩效优先原则，容易滋生寻租

在研究时限，即 2013 年前后，为提高政府采购绩效，需要简化相关程序，这样就使得采购人对政府采购的支持和配合程度往往取决于个人觉悟而非制度。在我国政府采购制度对采购人约束规定很少或者不细致，对采购人没有强制措施，更多是依赖采购人的自觉行动，采购人的违规操作引起后果几乎为零，其弊病日趋突显。一是巧立名目，规避采购。采购人出于种种原因，巧立名目，或将需要采购的项目（货物或服务）进行分块切割，使其达不到公开招标的条件，或故意延误招标时间，使在规定的招标时间内用公开招标无法达到采购的要求，最终只能采取其他方式进行采购，从而避开政府集中采购。其做法与政府采购制度发展趋势相违背，而且由于受政府采购程序不规范的制约，在具体采购过程中增加采购成本。二是违规采购，排斥监督。采购人违反政府采购制度规定，未经政府采购主管部门的批准，自行组织采购，并通过自行设置采购条件或限制具有采购资格供应商参与采购，或以采购商品具有特殊性为由，违规采用单一来源方式采购。排除监管部门的采购行为不但损害政府公平、公正、公开的形象，也容易让权力寻租有可乘之机，即使采购人的初衷是好的，也免不了有暗箱操作之嫌。三是随意变更采购合同。某些具体采购过程中，不按照采购制度依法采购，签订采购合同后，由于缺乏契约意识，擅自变更采购合同，或随意增加采购条款，有的故意拖延采购付款时间，对供应商进行刁难。

（三）寻租损害政府采购公平、公正，降低政府采购绩效

政府是我国经济中一个首要的和最重要的参与者，是我国最大的经济组织也是政治组织，政治组织与经济组织交织在一起。我国政府是强势政府，国家和政府权力过大并且没有受到制约，政府通过赋予官员或组织一定的特权和政策红利，获取在权力之外无法获得的一切有价值的资源。当政府超越权力的边界，甚至为了增加寻租的机会而以加强监管的名义不断增加审批项目，那么会进一步加剧公共利益和个人之间已经模糊的界限，经常出现公共利益被以个体利益或是部门利益取代的现象。

我国政府采购制度的立法由国家发展改革委与财政部主导，前者通过扩张其对重点和重大项目监管的权力而主导《招标投标法》的制定，后者则以与国际接轨为由强调招标投标仅属政府采购方式的主要方式之一，争得《政府采购法》立法主导权。发改委主导的《招标投标法》将招标投标的审批、争端处理、监督等权力囊括到国家发改委手中，而

财政部主导的《政府采购法》则将政府采购有关审批、争议解决、监督等权力赋予财政部。① 由行政机关主导的立法模式不是主动去承担责任，而是通过对立法权的掌握和行施，不断巩固和扩大部门权力，强化部门利益。如果在采购立法中忽略了招标主体之间的不同利益需求和表达，在采购权的机构考虑上过分侧重监督检查而没有对采购当事人之间进行制约，那么最终的政策倾向会偏重于某一利益集团，随之带来采购的不公平、不公正，由于制度在执行中变形，政府采购不能发挥调高绩效优势，反而导致绩效降低。

有的地方由政府的决策者来决定政府采购政策方案，这种不科学的决策方式直接受到管理者行为，特别是当权者行为的影响。一些地方政府和部门为了自身利益，以实现宏观经济调控为借口，进行一些不符合客观实际的政府采购，导致政府采购财政资金的低效使用或浪费，并滋生各种寻租行为。地方政府或一些利益集团则从中获益，他们极力怂恿甚至左右政府的投资决策行为，这又形成了恶性循环，导致地方政府的政府采购支出进一步畸形增长，形成了不健康的恶性循环机制，最终损害的是纳税人的根本利益。由此可见，寻租问题导致一些政府采购支出不合理，损害政府采购的公正原则，有必要对其进行控制和约束。

有的地方政府受利益集团的左右，成为一些特殊利益集团牟利的工具。有一些大的供应商为了排挤和限制其他小规模供应商进入政府采购，过分强调了行业规模的重要地位，为了保护本地区供应商而限制外地供应商。这种地方性的保护政策实际上具有歧视性和排他性，限制了外地的供应商进入本地市场，形成了本地企业的垄断，没有发挥政府采购的功能。

---

① 肖北庚. 我国政府采购法制之根本症结及其改造［J］. 环球法律评论，2010（03）：30－38.

（四）降低采购绩效预防寻租作用有限，而寻租则是绩效低的根源

截至 2013 年，我国政府采购制度提高绩效和预防寻租目标都未实现，反而出现政府采购制度绩效低和寻租双重问题。政府采购制度在预防寻租方面发挥了一定作用，但是作用不明显，寻租现象仍时有发生。同时，发挥政府采购制度预防寻租的作用，反而降低了政府采购绩效。政府采购寻租程度越严重，政府采购绩效越发挥不了应有的作用。政府采购过程中的寻租行为使政府采购付出高昂的交易费用，因为隐藏寻租行为、贿赂官员的讨价还价、寻找同谋、预防和监督寻租行为等，都需要付出相应的成本。当正常的政府采购与权力寻租紧密联系在一起时，必然带来绩效的损失，制约绩效的发挥，大大增大了绩效成本。因此，寻租是政府低效率的根源，它诱使政府机构人为的设置各种障碍，追求短期效应，使得长期经济增长陷入泥沼。① 我国政府采购制度没有有效发挥预防寻租的作用，而寻租却导致政府采购绩效低，因此，我国出现了绩效低和寻租的双重问题。

第二节　政府采购制度绩效对寻租影响实证分析

本书在前人研究寻租影响因素的基础上，构建一个客观的衡量政府采购制度绩效对政府采购寻租的指标体系，拟对影响政府采购寻租程度的绩效进行分析，估算它们对寻租的影响程度，为研究本章的主题提高绩效与预防寻租之间的冲突做出第一个环节的探讨，也为下文做出铺垫。另外，在计量经济学上，一般情况下，研究变量冲突或互动影响可

---

① 徐静，卢现祥. 腐败的经济增长效应：润滑剂抑或绊脚石？ ［J］. 国外社会科学，2010（01）：32 – 39.

采用向量自回归模型，但鉴于本书研究数据样本以及数据本身的特殊性，放在一个方程中难免出现伪回归等现象，经过多次的数据检验，本书将采用分别验证的方法，以适应数据的特殊性，进一步回归数据的本质，也更好地避免循环内生性问题。

一、变量的选取

（一）寻租的客观衡量指数

本模型选取能够直接反映政府采购寻租状况的客观指标，包括每年司法、检察部门查处的政府采购寻租案件数量（NCC）、重大案件数量（NIC）、涉及案件金额（AMIC）、县级以上领导被处分人数（NMGO）以及"三机关一部门"被处分人数（APJE）。这些客观指标均来自《中国检察年鉴》与《中国法律年鉴》。构建寻租指数的计算模型如下：

$$CI = a_{1ncc} + a_{2nic} + a_{3amic} + a_{4nmgo} + a_{5apje}$$

为了使模型标准化，把 CI 界定在 [0，1] 之间，CI 数值越接近1，政府采购寻租程度越高。根据构建寻租指数时确定权重的方法，本模型把五项期望指标权重设为，$a_1 = a_3 = a_4 = 0.2$，$a_2 = a_5 = 0.15$，对每一个期望值在区间[-0.01，0.01]之间随机变化后，运用 MATLAB 软件进行仿真模拟，得出 31 个省、市、自治区在 2003—2012 年的政府采购寻租指数。

（二）解释变量的选取

根据前文研究可知，政府采购制度绩效划分为微观经济绩效、宏观调控绩效和政策功能绩效。本模型分别选取政府采购资金节约率、GDP 的增长率和能源消耗水平代表微观经济绩效、宏观调控绩效和政策功能绩效。政府采购资金节约率，是指政府采购预算金额占政府采购预算金额减去政府采购实际发生额的比率；以 GDP 的增长率来衡量经济增长的指标；能源消耗水平是指每亿元 GDP 消耗的标准煤吨数。本模型数据来源于《中国政府采购年鉴》《中国统计年鉴》和各省、市、自治区统计年鉴，样本区间选自 2003—2012 年数据。三个变量的统计性描述详见表 5 - 1 所示，其中由于部分年份的能源消耗水平无法准确查询，导致样本数存在差异。

二、计量模型及分析结果

根据本章的研究目标，借鉴刘勇政、冯海波（2011）研究中国寻租、公共支出效率与长期经济增长一文的建模思想，并进一步细化探讨政府采购绩效对寻租影响的方程如下：

$$CI_{it} = \beta X_{it} + \gamma_i + a_t + \mu_{it}$$

其中 i 表示地区，t 表示年度，CI_{it} 是第 i 个省第 t 年的寻租指数，X_{it} 变量包括采购资金节约率（考虑到变量的内生性与样本拟合的准确性，选取此变量衡量政府采购），GDP 的增长率和能源消耗水平三个变量。r_i 是第 i 个省的固定效应，a_i 是 t 年的虚拟变量，μ_{it} 是随机扰动项。

表 5 - 1   变量及其统计性描述

变量	样本数	均值	标准差	最大值	最小值
资金节约率	430	0.204	0.287	0.321	0.024
GDP 增长率	430	7.153	4.326	27.818	-7.725
能源消耗水平	415	32.72	9.23	61.55	3.27

运用固定效应模型进行回归分析，需要克服变量之间的自相关问题，所以要先对表 5 - 1 变量进行相关性检验分析，检验后没有发现各个变量之间存有相关性，所用 Sig 值都大于 0.05，故从统计学的角度看各个变量之间是不显著相关的。因此，在做回归分析时不用考虑各个变量的自相关性。利用 Eviews6.0 软件回归模型分析，可以得出 5 - 2 所列的估计结果。

表 5 - 2　基本固定效应回归模型的估计结果

	寻租指数 1	寻租指数 2	寻租指数 3
资金节约率	10. 211 * *	9. 864 * *	11. 019 * *
	(3. 21)	(3. 01)	(3. 82)
GDP 增长率	- 0. 093	- 0. 102	- 0. 097
	(1. 201)	(1. 218)	(0. 191)
能源消耗水平	13. 075 * * *	12. 886 * * *	13. 013 * * *
	(2. 601)	(2. 714)	(2. 519)
常数项	12. 524	14. 163	11. 837
调整后的 R^2	0. 87	0. 81	0. 89

注：圆括号中的数字报告的是稳健性标准误；＊＊＊、＊＊、＊分别表示系数在 1%、5%、10% 的显著性水平上通过显著性检验；括号内为标准误。

从表 5 - 2 可以看出，政府采购资金节约率与寻租之间一定程度上存在正相关关系，即政府采购资金节约率每提高 1 个百分点，政府采购寻租程度上升约 10 个百分点。这与前文描述强调的绩效优先原则，容易滋生寻租情况相符。按照检验结果，可以推断资金节约率下降，寻租程度也下降，即降低绩效可以遏制寻租的发生，这也与前文描述采购制度制约寻租发生，而降低采购效率相一致。然而在实践中我国政府采购并未因绩效低而遏制寻租，因为在我国权力制约制度发挥作用，出现绩效低与寻租双重问题。政府采购制度没有有效发挥预防寻租的作用，反而寻租导致政府采购经济绩效的降低。

从表 5 - 2 回归分析中我们可以看到，虽然经济增长率对寻租有着预期的负效应，但是系数绝对值不大，结果并不明显。这与周黎安和陶婧等人的分析结论相同。这说明政府采购制度的绩效对预防寻租的作用不明显。

从表 5 - 2 中可以清楚看到，我国能源消耗与寻租在一定程度上存在正相关关系，且通过了显著性检验，即能源消耗水平每上升一个百分点，政府采购寻租程度上升约 13 个百分点。在实践中能源消耗水平降低，政府采购寻租程度并未降低。这与前文描述相符，即我国政府采购存在绩效低与寻租并存的双重问题，降低能源消耗水平而寻租程度并未有降低。这说明我国政策功能绩效并没有起到预防寻租的作用，反而寻租严重阻碍政策功能绩效的发挥，出现绩效低与寻租并存问题。

三、实证结果所反映的问题

本模型选用政府采购预算金额占政府采购预算金额减去政府采购实际发生额的比率，以 GDP 的增长率，每亿元 GDP 消耗的标准煤吨数代表政府采购绩效 3 个指标衡量政府采购绩效，并采用固定效应模型来分析对寻租影响效应，结果表明资金节约率、能源消耗水平与寻租呈正相关，GDP 的增长率和与寻租呈负相关，GDP 的增长率对寻租作用不显著。而在采购实践中资金节约率下降寻租程度并没有降低，能源消耗水平降低，寻租程度也没有降低趋势。因此我国出现政府采购绩效低与寻租双重问题。

第三节　寻租对政府采购微观经济绩效影响分析

一、模型的构建

经过上一节针对本章主题的第一个环节的探讨，沿着主题思路将研究寻租对采购的影响，从另外一个角度，探讨二者是否存在真正意义上的客观现实冲突。据此，结合国内外最新的研究进展，本书参照庞凤喜（2012）的建模思想，并结合张晏、龚六堂（2005）和孙群力（2009）的模型转化思路，本书最终构建如下模型：

$$Y_{it} = a_i + b_t + aFB_{it} + \beta Control_{it} + \mu_{it}$$

利用 2008—2012 年的我国省级面板数据对寻租与政府采购绩效间的关系做出实证分析。其中 i 表示地区，t 表示年度。Y 表示被解释变量地方政府采购效率，FB 表示寻租程度，Control 表示能够影响地方政府采购规模的一组解释变量，a_i 表示固定效应，b_t 表示年份固定效应 μ_{it} 表示随机误差项。

二、指标的选取

（一）被解释变量

政府采购的一个最基本的功能就是节约财政资金，本书选取节资率（jzl_{it}）[①] 代表模型的被解释变量：省级政府采购效率。之所以选取该指标代表政府采购绩效，一是因为节约资金是政府采购的一项基本功能，节资率从某种程度上能够反映出政府采购效率的高低。众多学者例如张素琴（2012）、周猛（2012）在构建评价指标体系时，都将节资率视为重要指标。二是有关政策功能发挥的数据严重缺乏，并且各省标准不一，缺少可比性。

（二）寻租水平

寻租水平的衡量主要有两类：一类是以问卷调查方式获得主观性的寻租评价指标，另一类是以当地司法机关或者检察机关的寻租案件立案数来衡量。衡量财政分权度的指标有很多，而且采取不同的度量指标，往往会产生不同的研究结果。借鉴周黎安和陶婧（2009）的思路，以 1995—2010 年《中国检察年鉴》和《中国法律年鉴》中各省级地区检察院的年度工作报告为基础，统计了各地区检察机关当年立案侦查的贪

---

① 节资率 =（政府采购预算金额 – 政府采购实际发生额）÷政府采购预算金额

污、受贿、挪用公款、巨额财产不明等职务犯罪的案件数量，用以表示各地区的寻租案件立案数。由于各地区的政府规模尤其是党政机关人数是影响当地寻租案件数的重要影响因素（周黎安和陶婧，2009），为剔除此种影响，本书用单位党政机关人数的寻租案件发案数来衡量各地区寻租程度 Cor1。同时，借鉴 FISHMAN（2002）的做法，还可以用各地区单位人口的寻租发案数来衡量寻租程度 Cor2。

（三）控制变量

影响政府采购效率的因素肯定不止寻租这一个方面，为了使实证分析更加稳健，本书选取了以下的控制变量：

市场化水平：市场化水平（sch_{it}），市场化水平能够反映经济发展对市场经济运行机制的依赖程度，或市场经济体系对经济的干预程度。市场化水平对政府采购效率的影响预期符号为正。

经济发展水平：本书选取人均实际国内生产总值（$pgdp_{it}$）代表经济发展水平，并对实际人均国内生产总值以 2008 年为基期，利用 GDP 平减指数进行价格调整。

政府采购规模选取指标 $cggm_{it}$，即政府采购规模占 GDP 的比重代表政府采购规模。

表 5 – 3　变量特征统计

变量名称	变量说明	最大值	最小值	平均值	标准差
jzl	节资率	0.2667	0.0117	0.1026	0.0371
Cor1	党政机关人数寻租发案数	2.386	0.1843	0.5531	0.4605
Cor2	单位人口的寻租发案数	3.1639	0.5134	0.8408	0.3835
cggm	政府采购规模占 GDP 比重	0.0775	0.0068	0.0213	0.0122
sch	市场化水平	0.9378	0.064	0.5009	0.6178
pgdp	人均实际国内生产总值（万元）	9.9686	0.9855	3.3986	1.8388

注：数据来至《中国政府采购年鉴》《中国统计年鉴》。

三、实证分析

本书采用 Eviews7.0，鉴于被解释变量为受限被解释变量，本书选取 Tobit 模型对数据进行计量分析，由于一些省份没有统计数据或数据缺失，如安徽省和广东省均没有节资率的统计数据，江西省、山西省、西藏自治区部分年份数据缺失。所以最终本书以 2008 年至 2013 年，我国的 26 个省份的面板数据做回归分析，得到结果如下：

表 5-4　寻租对政府采购微观绩效影响的检验结果

	（1）	（2）	（3）	（4）	（5）
C	0.1248 ＊＊＊ （16.38）	0.1181 ＊＊＊ （16.12）	0.1248 ＊＊＊ （11.81）	0.1359 ＊＊＊ （10.84）	0.0082 ＊＊＊ （7.08）
Cor1	-0.0217 ＊＊＊ （-3.20）	-0.0443 ＊＊＊ （-5.30）	-0.0484 ＊＊＊ （-5.067）	-0.0464 ＊＊＊ （-4.86）	—
Cor2	—	—	—	—	-0.0684 ＊＊＊ （-5.574）
pgdp	—	0.0088 ＊＊＊ （4.17）	0.0117 ＊＊＊ （2.908）	0.0117 ＊＊＊ （2.94）	0.0109 ＊＊＊ （3.03）
sch	—	—	0.0250＊ （-1.69）	0.0299 （-1.42）	0.0695 ＊＊＊ （2.70）
cggm	—	—	—	-0.5499 （-1.61）	-0.5889＊ （2.78）
观测值	156	156	156	156	156
截面数	26	26	26	26	26
对数似然值	249.1472	251.2485	254.7835	258.9684	263.0255

注：括号中为 z 值，＊＊＊、＊＊、＊分别表示在 0.01、0.05 和 0.1 的显著性水平下显著。

模型（1）至模型（4）选择党政机关人数寻租发案数 Cor1 作为度量寻租的指标，模型（1）仅有 Cor1 一个自变量，从模型（2）至模型（4）依次加入控制变量人均国内生产总值（pgdp）、财政自给率（sp）、政府采购规模（cggm）。由回归结果可知，Cor1 的符号为负值，随着控制变量的加入 Cor1 保持符号不变，且都在 0.01 的显著性水平上显著，这说明党政机关人数寻租发案数的寻租指标与政府采购经济绩效的关系是负相关的。依照同样的办法，将寻租水平指标换成 Cor2 重复上述过程，发现 Cor2 符号也为负，随着控制变量的加入 Cor2 也保持符号不变，本文仅将包含所有控制变量的模型（5）记录表中。说明寻租影响我国政府采购经济绩效提高。这于前文分析的我国政府采购绩效与寻租的问题有关。验证了前文的假设，寻租制约政府采购经济绩效提高，所以要提高我国政府采购绩效，必须预防寻租的发生。

模型（1）至模型（5）中 pgdp 的符号均为正，且都在 0.01 的显著性水平上显著，说明经济发展有利于改善我国的政府采购经济绩效，经济发展水平越高，客观上对公共产品或准公共产品的需求量越大，采购规模也就越大，这将进一步提升我国的政府采购效率。

在模型（3）至模型（5）中 sch 符号均为正，在 0.01 的显著性水平上显著，表明市场化程度越高越有利于提高我国的政府采购经济绩效。

以寻租水平作为指标，cggm 符号均为负，但是在模型（4）中并不显著，在模型（5）中在 0.1 的显著性水平下显著。这与前文分析不同，主要是由我国政府采购节资率的测算方法导致的，目前年鉴中的节资率计算为预算规模减去实际采购规模的差额与预算规模的比例，这就导致了政府采购规模对节资率有着负相关的效应。

　　鉴于我国地域辽阔，各地区间差异较大，例如各省的市场化程度有着明显的不同，东部的市场化程度也明显高于中部和西部。

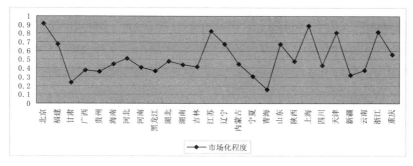

图 5 - 2　2013 年各省市场化程度

　　本书认为应该分地区研究寻租对政府采购经济绩效的影响，因此借鉴孙群力（2009），引入虚拟变量 DE、DM、DW 分别代表东部地区、中部地区和西部地区，相应的模型变为：

$$Y_{it} = a_i + b_t + DE * COR_{it} + DM * COR_{it} + DW * COR_{it} + \beta Control_{it}$$
$$+ \mu_{it}$$

地区划分参照国家统计局的划分方法，将 26 省分为东、中、西部①。再次利用 Eviews 做 Tobit 回归分析，结果如下：

表 5 - 5　分地区 Tobit 模型回归的检验结果

	（6）	（7）	（8）	（9）	（10）	（11）
C	0.0801 ＊＊＊ （5.94）	0.1012 ＊＊＊ （7.63）	0.1137 ＊＊＊ （8.23）	0.0689 ＊＊＊ （4.84）	0.1008 ＊＊＊ （7.61）	0.1105 ＊＊＊ （8.71）
DE * Cor1	-0.0321 ＊＊＊ （-3.57）	—	—	—	—	—

①　东部地区：北京、天津、辽宁、上海、江苏、浙江、福建、山东。中部地区：河北、吉林、黑龙江、河南、湖北、湖南、海南。西部地区：内蒙古、广西、重庆、四川、贵州、云南、陕西、甘肃、青海、宁夏、新疆。

续　表

	（6）	（7）	（8）	（9）	（10）	（11）
DM＊Cor1	—	0.0085 （3.57）	—	—	—	—
DW＊Cor1	—	—	－0.0082＊ （－1.86）	—	—	—
DE＊Cor2	—	—	—	－0.0453 ＊＊＊ （－4.23）	—	—
DM＊Cor2	—	—	—	—	0.0246＊ （1.89）	—
DW＊Cor2	—	—	—	—	—	－0.0172＊ （－1.57）
pgdp	0.0028＊ （2.08）	0.002＊ （2.33）	－0.001 （－1.03）	0.005＊ （1.93）	－0.002 （1.88）	－0.016 （－1.32）
sch	0.087 ＊＊＊ （－2.89）	0.0411＊ （1.52）	0.0161＊ （2.47）	0.0095＊＊＊ （3.21）	0.0419＊ （2.59）	0.0258＊ （1.83）
cggm	－0.8604 ＊＊ （－2.45）	－0.6934＊ （－1.83）	－0.6338＊ （－1.64）	－0.7771 ＊＊ （－2.25）	－0.6802＊ （2.47）	－0.6571＊ （－1.72）
观测值	60	30	66	60	30	66
截面数	10	5	11	10	5	11
对数似然值	249.1472	248.3789	248.6571	249.1472	248.4996	248.5495

注：括号中为 z 值，＊＊＊、＊＊、＊分别表示在 0.01、0.05 和 0.1 的显著性水平下显著。

从上述结果，不难发现存在明显的地区差异。从模型（6）至模型（8）的结果，发现东部和西部的 Cor1 符号为负，与基于全国的面板数据回归分析结果相同，且分别在 0.01 和 0.1 的显著性水平上显著，而中部的 Cor1 符号为正，但是结果不显著。从模型（9）至模型（11）的结果，发现东部和西部的 Cor2 符号均为负，与基于全国的面板数据回归分析结果相同，且分别在 0.01 和 0.1 的显著性水平上显著，而中部的 Cor2 符号则为正，且在 0.1 的显著性水平上显著，表明寻租对政府采购经济绩效影响存在地区差异。同样经济发展水平对于政府采购经济绩效的影响也存在明显的差异，在模型（6）至模型（8）中，东部和中部的 pgdp 符号为正，且在 0.1 的显著性水平上显著，西部的 pgdp 符号则为负但是并不显著。模型（6）至模型（11），sch 的符号均为正，与基于全国的面板数据回归分析结果相同通过对全国面板数据和分地区面板数据的回归分析，我们可以得出结论，目前我国寻租严重影响我国的政府采购经济绩效，市场化程度的提高，市场分配资源的增多，会降低寻租程度，有利于改善我国政府采购经济绩效。其次，经济发展对政府采购经济绩效的影响有着明显的地区差异。

第四节　寻租对政府采购宏观调控（经济）绩效的实证分析

如前所述，政府采购可分为工程、货物和服务采购，其中工程采购属于政府的投资性支出，货物采购和服务采购则属于政府的消耗性支出，对政府采购结构的研究，可以从一个新的视角让我们来观察政府的活动，并以此来判断寻租对政府采购制度绩效影响的强弱。下面，将通过计量模型的构建来检验寻租对我国的政府采购支出的制度经济效应进行实证检验，从而为经一步发挥政府采购宏观绩效提供决策依据。

一、理论模型选择

根据本节的研究目标，借鉴孙刚、陆铭和张吉鹏（2005）研究寻租市场化与经济增长的建模思想，拟在柯布－道格拉斯生产函数（C－D函数）基础进行研究分析，该生产函数模拟的是在一定的技术条件下，认为资本和劳动力是影响经济增长的主要因素，如果技术条件发生变化，就会有新的生产函数产生，其一般表达形式为 $Y = A(t)K^{\alpha}L^{\beta}$，用 Y 代表产出，$A(t)$ 代表综合的水平（全要素生产率），K 代表资本要素投入，主要是指对固定资产方面的投资，L 代表劳动力要素投入，主要指雇佣的工人数量，α 代表资本产出的弹性系数，β 代表劳动力产出的弹性系数。同时，在混合经济体制下，资本主要来源于两个方面，一是市场主体投入，另一方面是政府的投资，在我国，政府是投资主体，公有制经济是我国的经济主体，多种所有制并存，资本投入的主体包括政府和市场两部分，因此，本文将柯布－道格拉斯生产函数表达式拓展为 $Y = A(t)G^{\alpha}NG^{\beta}L^{\gamma}Cor$，其中：$G$ 代政府资本投资，NG 表示市场主体的资本投资，L 表示劳动力投入，Cor 表示寻租，α 是政府资本投资的产出弹性系数，β 则是市场主体资本投资的产出弹性系数，γ 则为劳动力产出的弹性系数。在拓展的 $Y = A(t)G^{\alpha}NG^{\beta}L^{\gamma}Cor$ 表达式基础上，本文设定的随机方程式为 $Y_{it} = A(t)G_{it}^{\alpha}NG_{it}^{\beta}L_{it}^{\gamma}e^{\varepsilon_{it}}Cor$，将随机方程 $Y_{it} = A(t)G_{it}^{\alpha}NG_{it}^{\beta}L_{it}^{\gamma}e^{\varepsilon_{it}}Cor$ 两边取对数，得到如下方程式：

$$\ln Y_{it} = \ln A(t) + \alpha \ln G_{it} + \beta \ln NG_{it} + \gamma \ln L_{it} + \varepsilon_{it} + \ln Corit$$

二、指标选取及阐述

本节所要研究的是寻租对我国政府采购支出的制度经济绩效的影响，特别是寻租对政府的工程投资采购支出对制度绩效的影响。因此，可用相关指标进行替代来达到预期研究目标。固定资产投资中相当一部分是工程投资和货物采购。在政府采购支出中，工程和货物采购是支出的重要组成部分，因此，可用全社会固定资产投资中的国有经济投资和非国有经济投资数据作为替代指标，以此观察寻租对我国政府采购支出以及寻租对市场主体采购支出的绩效影响，因为国有经济投资的主体主要是政府，而非国有经济投资的主体一般是市场主体。

　　财政政策是政府实施宏观调控的重要工具之一。本节把财政政策类型设置为虚拟变量，用 D 表示（$D = 1$ 代表实施的积极的财政政策，$D = 0$ 代表实施的非积极的财政政策）。通常情况下财政政策要通过政府投资和购买来实现，故加入政府投资与虚拟变量财政政策的交互项来分析，最后，本文构建的计量模型形式如下式所示：

$$\ln Y_{it} = \vartheta_i + \chi_t + \alpha \ln G_{it} + \beta \ln NG_{it} + \gamma \ln L_{it} + \rho \ln G_{it} D + \eta D + \varepsilon_{it}$$

　　其中，下标 i 表示地区（$= 1, 2, 3, \cdots$），t 表示年份（$= 1993$，$1994, \cdots, 2010$），ϑ_i 表示假设模型存在个体效应，χ_t 表示假设模型存在时间效应，ε 为随机误差项，$\vartheta, \chi, \rho, \alpha, \beta, \lambda, \gamma, \eta$ 为待估参数，虚拟变量 D 满足：

$$D = \begin{cases} 1 & 1998 \leq t \leq 2004; t \geq 2009 \\ 0 & 1993 \leq t \leq 1997; 2004 \leq t \leq 2008 \end{cases}$$

　　寻租程度的指标用（Cor 表示）。寻租是影响经济发展和宏观调控功能的重要因素。本模型采用现有文献的通常做法，在选取衡量指标时，以各省每万人寻租案件数衡量寻租程度。按照本书对寻租概念的界定，本书采用人民检察院公布的职务犯罪案件立案数作为寻租案件立案数的数量。

三、数据来源及说明

　　本书职务犯罪的数据来源为《中国检察年鉴》以及各省、市、自治区人民检察院向本级人大提交的年度工作报告。各省、市、自治区历年人口数据的来源为各省、市自治区人口统计年鉴。其他数据全部来源于 1993—2013 年《中国统计年鉴》，时间起始年份为 1993 年，因为 1992 年十四大以后，我国资本投入由计划经济时期单一政府资本投入的模式转变为市场经济时代政府投入与市场投入的双轨投入模式。

其中：Y_{it} 采用各省 GDP 数据（单位为亿元），表示宏观经济产出水平；G_{it} 采用《中国统计年鉴》中各省市、自治区全社会固定资产投资中的国有经济投资规模数据，表示政府资本投资规模，即政府采购支出规模的替代指标，NG_{it} 所用数据则是将各地全社会固定资产投资总和减去国有经济投资规模所得，表示市场主体资本投资规模的大小，即作为市场主体采购支出的替代指标，包括集体、股份合作、联营、私营等经济，以及港澳台外商投资（单位为亿元）；L_{it} 为城乡就业人数之和，表示人力资本规模（单位为万人）。

为了避免通货膨胀对本研究产生影响，本书将数据统一以 1993 年价格为基准进行平减，其中 GDP 采用 1993 年的 GDP 平减指数进行平减，政府资本投资、非政府资本投资则以 1993 年的固定资产投资价格指数进行平减调整。由于在 1997 年重庆从四川划分出去，为便于分析，将两省市的数据统一合并，由于广东、海南两省 2001 年以前固定资产投资价格指数数据缺失，把两省排除在外，直接排除西藏自治区，因为本书采用的是面板数据，样本量较大，这样处理对于最终实证结论不会产生太大影响。

四、模型估计结果

在整个回归检验过程，首先需要对模型是否存在个体、时间效应进行检验，结果表明构建的模型存在双向固定效应，个体效应和时间效应同时存在，因此，不适合使用混合回归模型[①]，将通过 Hausman 检验结果来决定是选择固定效应模型还是随机效应模型。通过采用 stata10.0

---

① 限于文章篇幅，故不在文中提供检验的具体过程。

软件的相关命令得出的模型估计结果如表5-6所示：

表5-6 模型估计结果

解释变量	全国	东部地区	中部地区	西部地区
ln_ gov	-0.387 * * *	-0.512 * * *	0.127	0.29
	(0.14)	(0.12)	(0.118)	(0.285)
ln_ nongov	0.959 * * *	1.13 * * *	1.129 * * *	0.981 * * *
	(0.1)	(0.112)	(0.06)	(0.13)
Ln_ cor	-0.054 * * *	-0.021 * * *	-0.074 * * *	-0.096 * * *
	(0.036)	(0.014)	(0.02)	(0.028)
ln_ labour	0.269 * * *	0.215 * *	-0.073	0.046
	(0.08)	(0.08)	(0.051)	(0.08)
ln_ gov * d	0.137 * * *	0.168 *	-0.069	0.08 *
	(0.031)	(0.1)	(0.139)	(0.05)
d	-0.609 * * *	-0.801	0.477	-0.409 *
	(0.2)	(0.52)	(0.69)	(0.247)
cons	2.51 *	2.839 * * *	1.69 *	0.828
	(1.39)	(0.856)	(0.68)	(1.91)
obs	482	159	142	179
R - sq	0.76	0.77	0.83	0.76
Hausman 检验χ^2值	-0.69	2.52	0.07	-0.35
模型选择	fe	re	re	fe

注：圆括号中的数字报告的是稳健性标准误；* * *、* *、*分别表示系数在1%、5%、10%的显著性水平上通过显著性检验；fe表示固定效应模型，re表示随机效应模型。

从全国整体来看，一是寻租程度每增加一个百分点，宏观经济产出弹性下降 0.054 个百分点，寻租对资源配置、经济增长存在巨大的负面作用，进而影响了社会资源的有效配置、降低制度绩效、破坏市场公平原则。分地区来看，在东部地区，寻租水平每增加一个百分点，宏观经济产出弹性下降 0.021 个百分点，寻租的制度经济效益应为负，但小于全国弹性系数；其次，观察中西部地区，从寻租水平弹性来看，其系数均为负，并且弹性系数通过了显著性检验，可以说明寻租对经济发展的负效应显著。

我们来进一步分析模型估计的结果，寻租对宏观经济产出的弹性系数均为负值，并且都在 1% 的显著性水平上通过了检验，寻租行为耗费了大量的社会经济资源，寻租阻碍了更有效的生产方式的实施，增加了社会的生产成本。中西部寻租弹性系数值大于东部弹性系数值，说明寻租对西部的负面效应大于东部。

五、实证结果反映出的问题

寻租的存在使大量资源转移到寻租等非生产性活动上，并且降低了人们进行长期投资和积累资产的积极性进而阻碍经济增长。过去的粗放型经济增长模式可能使政府有意无意地忽视这一问题，加之寻租具有"润滑油"作用观点的存在，政府更没把寻租问题作为工作重点。

我国政府常常涉足一些生产性领域，同时，在现行政绩考核模式下，导致地方政府官员片面追求 GDP 的速度和粗放式的经济规模，从而盲目地提出大规模的政府投资需求，大兴政府工程项目。在这些动机的综合刺激下，政府工程投资必将进一步衍生出与之相配套的货物和服务采购项目，工程采购支出尚不合理，由这些工程采购派生出的货物和服务采购就更值得商榷了。另外，政府控制着大量资源，在推动经济发展的同时，也会造成大量的贪污寻租问题。一些高层官员往往拥有公共投资项目的决策权，它在诱发寻租的同时，也受寻租行为的影响。寻租往往会扭曲投资项目的支出数量与结构，并降低公共投资的效率。由于寻租的存在，政府采购分配合同会降低公共服务与基础设施的质量。而国家为了尽可能减少寻租的发生，制订了一系列复杂且高成本的程序，然而它在减少寻租的同时也会造成其所购买的商品和服务的价格上涨。因此，寻租扭曲了政府采购制度，导致了采购支出的不合理配置，引起采购支出的低效率偏向。

第五节　寻租对政府采购制度政策功能绩效影响实证分析

根据本书的相关概念界定，政府采购涉及政府进行经济调控的宏观经济问题，政策功能绩效研究是宏观视角的延伸。在本书以前章节中已经论及政府采购政策功能问题，主要涉及促进节能环保、民族产业、中小企业发展等方面。到 2013 年为止，我国政府已经出台了一系列旨在发挥政府采购政策功能目标实现的政策措施，这些政策措施能否真正促进政府采购政策功能的有效发挥？寻租对政府采购政策功能有哪些影响呢？这是本节主要研究目的所在。

基于前文的理论分析，本研究认为促进节能环保是政府履行生态环境保护的一项重要职能，我国为促进节能环保产业的发展，在政府采购领域出台政策的时间最早为 2004 年，并在 2006、2007、2013 年相继出台了一系列配套措施，那么，如此大规模的政府采购支出，在一系列措施以及寻租问题的影响下，其节能环保效应如何发挥作用？截至 2013 年尚无实证方面的检验，因此，本书拟通过构建计量模型采取实证检验的方式来对此进行研究，旨在通过寻租对节能环保上的政策功能绩效影响进行验证。

一、变量选择与分析

（一）被解释变量

能源消耗水平（Energy）。本书选择以每亿元 GDP 消耗的标准煤作为被解释变量。标准煤具有统一的热值标准，每千克标准煤的热值为 7000 千卡，其他能源消费按各自不同的热值统一换算成标准煤吨数。因此，本研究采用该指标作为被解释变量，观察各地能源消耗水平高低，以吨为单位。

（二）核心解释变量

窄口径下的政府采购规模用 procure1 表示，2003 年《政府采购法》颁布以后，越来越多的采购纳入采购法的管理范围。为检验法律实施的效果，将过去发生的政府采购支出作为核心解释变量。

宽口径下的政府采购规模用 procure2 表示，本书已经阐述由于我国在对政府采购的管理上，呈现交叉管理的部门格局，很难掌握政府采购支出准确数据。因此，用全社会固定资产投资中的国有经济投资规模来替代衡量我国政府采购支出的实际规模，并将其作为核心解释变量。

结合上述对我国政府采购实际规模存在窄口径和宽口径两种估计，本书提出如下假设：

H_0：政府采购支出逐渐成为调控节能环保产业发展的一个重要杠杆，在环保政策的规范和引导下，政府采购在节能环保中的效用也不断得到体现，因此，政府采购成为影响能源消耗的重要因素，其能源消耗量与单位 GDP 的能源消耗量呈负相关关系。但是宽口径统计的政府采购支出有相当大的部分不受《政府采购法》的约束，节能环保规定对其约束很小，因此，宽口径下的政府采购支出也存在节能环保效应一般会低于窄口径下的政府采购支出。

（三）控制解释变量

1. 寻租的水平（Cor），本书选用地区每十万总人口中贪污贿赂和渎职侵权人数作为衡量指标。寻租导致国家的环境政策落空、环境惩治制力度不强、阻碍国家在环境治理上人力、物力和财力的投入，寻租加剧了环境污染程度。假设寻租程度与单位 GDP 能源消耗呈正相关关系，即寻租程度越高，单位 GDP 能耗越高。

2. 工业产值水平（Industry）。相对于其他产业，工业的单位能耗最高，随着我国不断加大对工业的节能减排约束力度，我国工业的单位产值能源消耗水平也不断下降。因此，选用第二产业产值占 GDP 的比重作为解释变量，并假设与单位 GDP 能耗呈正相关关系。

3. 政府对排污费的征收（Fee）。政府通过征收排污费的方式对企业污染环境行为进行处罚，政府征收排污费越高，企业的压力就越大，从而提高企业节能减排的动力，因此，排污费是影响能源消耗的重要变量。本书假设其与单位 GDP 能源消耗变化呈反方向关系，即政府制定的排污费征收标准越高，单位 GDP 能耗会越低。

4. 科研投入强度（R&D）。政府会加大科技投入来鼓励企业、研究机构和高校等部门进行科技创新，激励他们积极研究和开发节能环保技术，促进各个企业开展节能减排工作。作为企业，为了降低成本，需要加大对科技创新的投入，降低能源消耗，提高企业经济效益。因此，本书采用企业对研发经费投入强度作为衡量指标，来衡量一地在节能环保领域的科技投入水平，研发经费投入强度是指研究与开发经费占 GDP 的比重，并假设科技投入占 GDP 的比重越大，越能促使单位 GDP 能耗降低。

5. 企业专利申请授权数（Patent）。我国在节能环保方面的专利技术已经建立了一系列的评价标准。为激励企业积极开发节能产品，在专利授予时加大对节能环保因素的考量，为此，本书选取企业专利申请授权数作为控制解释变量，并假设其与单位 GDP 能源消耗变化呈反方向关系。

二、模型构建

为检验各解释变量对被解释变量单位 GDP 能源消耗水平的影响程度，本书将构建省级面板数据计量模型进行实证检验，本书借鉴库兹涅茨（1995）曲线（Kuznets curve）的思想，并结合本书的研究目标，对模型进行扩展如下：

$$energy_{it} = \alpha_i + \lambda_t + \beta procure_{it} + \sigma control_{it} + \varepsilon_{it} + Corit$$

其中，$enenrgy$ 表示被解释变量单位 GDP 能源消耗水平，$procure$ 表示核心解释变量政府采购支出的规模，β 为核心解释变量的系数，$control$ 为一组控制变量，σ 为控制变量的系数向量，α_i 表示假设模型存在个体效应，λ_t 表示假设模型存在时间效应，至于模型是否存在双向固定效应，可通过相关检验来验证，ε_{it} 为扰动项，cor 表示寻租水平，i 表示地区，t 表示时间。

三、数据来源及描述

财政部 2004 出台了《节能产品政府采购实施意见》，根据政策效应的时滞性特点，选择 2005 年数据作为起点，本研究能够获得政府采购相关数据为 2013 年，故以 2013 年为截止时间点。本书各省份（西藏除外）的面板数据来源于 2006—2013 年《中国统计年鉴》和 2006—2013 年《中国政府采购年鉴》。为避免通货膨胀对物价的影响，采用 2005 年为基期，用 GDP 平减指数进行了处理，而全社会固定资产中的国有经济投资规模数据则用固定资产投资价格指数进行平减处理。对这些变量进行了描述性统计，具体如表 5-7 所示：

表5-7　各变量的描述性统计

名称变量	变量说明	均值	标准差	最小值	最大值
energy	每亿元GDP消耗标准煤数量（吨）	11994.82	7014.13	4910	40298.48
Procure1	政府采购规模（亿元）	147.39	126.97	3.72	815.71
Procure2	全社会固定资产中国有经济投资规模	895.7	447.69	110.72	2190.58
Cor	每十万人口寻租案件发生数	6.72	5.38	3.51	41.08
industry	工业产值占GDP比重（%）	39.91	6.81	20.18	59.56
fee	向企业征收的排污费（亿元）	4.81	4.09	0.12	24.64
R&D	科技研发投入强度（%）	1.26	0.99	0.79	5.79
patent	企业专利申请授权数（个）	12982	25840.72	78	189814

由表5-7可以看出，各变量最小值与最大值之间悬殊均相当大，其中：政府采购规模最大值是最小值的219倍，企业专利申请授权数最大值则是最小值的2433倍，各地数值差距也非常大，因此，本书拟对相关变量进行取对数处理，以降低异方差对模型估计结果的影响。

四、模型估计结果

在对能源消耗水平、政府采购规模、寻租案件、排污费和企业专利申请授权数进行取对数处理后，首先对单位GDP能源消耗与政府采购进行回归，接着，逐步加入控制解释变量进行回归检验，这样做有利于更清晰地观察到不同的解释变量是否会对本研究结论产生影响。因此，在整个分析过程，按照逐步控制的顺序将前文设定的计量模型分解为方程（1）、（2）、（3）、（4）、（5）和（6）。在回归检验过程中，本书对模型是否存在个体和时间双效应进行检验，结果表明前述模型均存在双向固定效应。因此，不能采用混合回归模型，选择固定效应模型还是选择随机效应模型由 Hausman 检验结果来确定。本书采用 stata10.0 软件，通过相关命令得出的模型估计结果如下表 5-8 所示：

表 5-8 窄口径政府采购面板数据模型估计结果

解释变量	方程（1）	方程（2）	方程（3）	方程（4）	方程（5）	方程（6）
ln_ procure1	−0.26 ***	−0.27 ***	−0.28 ***	−0.27 ***	−0.26 ***	−0.17 ***
	(0.02)	(0.02)	(0.02)	(0.02)	(0.02)	(0.03)
Cor	—	0.15 ***	0.15 ***	0.2 ***	0.18 ***	0.18 ***
	—	(0.004)	(0.004)	(0.004)	(0.004)	(0.003)
industry	—	—	−0.002	−0.002	−0.0004	0.0008
	—	—	(0.003)	(0.002)	(0.003)	(0.002)
ln_ fee	—	—	0.1 ***	0.12 ***	0.08 ***	
	—	—	(0.03)	(0.03)	(0.03)	
R&D	—	—	—	—	−0.08 **	0.07
	—	—	—	—	(0.03)	(0.05)
ln_ patent	—	—	—	—	—	−0.12 ***
	—	—	—	—	—	(0.02)
_ cons	9.81 ***	9.73 ***	9.57 ***	9.9 ***	9.8 ***	10.32 ***
	(0.07)	(0.16)	(0.15)	(0.15)	(0.16)	(0.15)
obs	190	190	190	190	190	190
R-sq	0.59	0.57	0.66	0.67	0.71	0.67
Hausman 检验 χ^2 值	0	−3.02	−3.91	329.61	0.87	−8.39
模型选择	re	fe	fe	fe	re	fe

注：圆括号中的数字报告的是稳健性标准误；＊＊＊、＊＊、＊分别表示系数在1%、5%、10%的显著性水平上通过显著性检验；fe表示固定效应模型，re表示随机效应模型。

通过表5-8中的方程（1）估计结果说明：在窄口径统计数据下，我国政府采购支出与能源消耗是负相关关系，即政府采购规模每上升1个百分点，每亿元GDP消耗的标准煤数量下降0.26个百分点；加入控制变量寻租水平后，两者之间仍呈负相关关系，此时，当政府采购规模上升1个百分点时，每亿元GDP消耗的标准煤下降0.27个百分点；加入所有控制变量后，政府采购支出与能源消耗之间依然是负相关关系，且政府采购支出规模每上升1个百分点，每亿元GDP消耗的标准煤吨数下降0.17个百分点。从逐步控制的结果来看，窄口径下的我国政府采购支出与能源消耗之间均呈负相关关系，这也证实了本书的假设，即窄口径下的我国政府采购支出一定程度上发挥出了节能环保效应，但是，系数的绝对值不大，效果不明显。此外，关于控制变量，通过上述估计结果，可以发现：寻租与单位GDP能源消耗之间存在正相关关系，且均通过了显著性检验，与假设一致，说明寻租程度越高，环境污染越高。

在所用变量不变的前提下，本书采取同样的方法，对宽口径下的政府采购面板数据进行回归，如表5-9所示：

表5-9　宽口径政府采购面板数据模型估计结果

解释变量	方程（1）	方程（2）	方程（3）	方程（4）	方程（5）	方程（6）
ln_ procure2	-0.11	-0.2＊＊	-0.2＊	-0.06	-0.04	0.006
	(0.1)	(0.11)	(0.11)	(0.07)	(0.08)	(0.06)
Cor	—	0.18 ＊＊＊	0.20 ＊＊＊	0.20 ＊＊＊	0.19 ＊＊＊	0.20 ＊＊＊
	—	(0.15)	(0.1)	(0.15)	(0.13)	(0.15)

解释变量	方程（1）	方程（2）	方程（3）	方程（4）	方程（5）	方程（6）
industry	—	—	−0.01 ＊＊＊	−0.01 ＊＊＊	−0.01 ＊＊＊	−0.001
	—	—	（0.004）	（0.003）	（0.003）	（0.002）
ln_ fee	—	—	—	0.07	0.06	0.05＊
	—	—	—	（0.04）	（0.04）	（0.02）
R&D	—	—	—	—	−0.41 ＊＊＊	0.01
	—	—	—	—	（0.06）	（0.04）
ln_ patent	—	—	—	—	—	−0.13 ＊＊＊
	—	—	—	—	—	（0.01）
_ cons	9.24 ＊＊＊	10.75 ＊＊＊	10.62 ＊＊＊	9.8 ＊＊＊	10.09 ＊＊＊	10.41 ＊＊＊
obs	（0.73）	（0.7）	（0.73）	（0.14）	（0.6）	（0.48）
	190	190	190	190	190	190
R − sq	0.005	0.1	0.12	0.3	0.3	0.61
Hausman 检验 χ^2 值	−9.28	31.19	−47.33	227.93	316.45	−20.18
模型选择	fe	fe	fe	fe	fe	fe

注：圆括号中的数字报告的是稳健性标准误；＊＊＊、＊＊、＊分别表示系数在1%、5%、10%的显著性水平上通过显著性检验；fe表示固定效应模型，re表示随机效应模型。

从表5-9中可以看出：方程（1）、（4）和（5）都表明宽口径统计下我国政府采购支出与单位GDP能源消耗之间的变化呈反方向关系，而方程（6）中，二者之间的变化却呈同方向关系。但是都没有通过显著性检验，因此，在宽口径统计下，政府采购支出能够降低单位 GDP 能源消耗的结论不成立，而在方程（2）和方程（3）中发现，宽口径下的政府采购支出与能源消耗呈反方向关系，并通过了显著性检验，但是，与表 5 - 8 的系数相比，其系数的绝对值偏小。因此，宽口径下的政府采购支出也发挥一定的节能环保效应，只是其效果弱于窄口径下的政府采购支出。另外从表中可以看出在宽口径下的寻租与单位 GDP 能源消耗之间存在正相关关系，寻租影响采购效率。

由此，根据表 5 - 8 和表 5 - 9 实证结果的相互对比，可以证实前文对核心解释变量所做出的假设，也就是说，在窄口径下，我国政府采购支出能够发挥一定的节能环保效应，但在宽口径下，政府采购支出并不能发挥出节能环保效应。但是，政府采购规模每上升一个百分点，单位 GDP 的能源消耗量下降幅度并不大，这说明采购人的政府采购支出在促进节能环保上的政策功能没有有效发挥。另外，在宽口径下寻租水平较高，影响政策功能的发挥比窄口径下要大，因为宽口径下的一些采购未被纳入政府采购监督管理范围，寻租程度更严重，资源利用效率更低，以牺牲环境为代价的粗放型经济增长方式在一些地方仍占主导地位。尽管本计量模型自身设计不一定科学，变量的选择也缺乏严格的标准，窄口径下我国政府采购支出节能环保效应的系数值，其精确性还需要验证，但是这并不影响本书通过实证分析得出的结论，即我国庞大的政府采购支出在促进节能环保上的政策功能有进一步提升的空间。

五、实证结果反映出的问题分析

政府采购制度对促进政府采购政策功能的发挥起到一定的作用，由于受到其他相关制度的约束，政府采购支出在一定程度上也许能够产生一些节能环保效应。但是，由于《政府采购法》与《招投标法》之间存在职能交叉重叠，甚至有冲突的部分，导致相当数量采购项目没有被纳入《政府采购法》的管理范围，使得在实际操作过程中，这部分政府采购项目并没有严格受到政府采购制度约束，未能充分发挥出节能环保效应。

实证分析结果还说明，虽然我国政府采购制度的政策功能效应，是要推动中小企业、民族产业、落后地区、环境保护、自主技术创新等方面的发展。但是，截至2013年，由于寻租等原因的影响，政府采购政策功能体系之间缺乏较好的衔接性，未能形成强大的政策合力，为最大化发挥出我国政府采购政策功能效力，使得公共资金的公共利益价值未能最大化得到体现。因此，有待进一步完善政府采购规章制度，加强政府采购制度执行力度，进一步遏制采购寻租问题，使我国庞大的政府采购支出的政策功能得到更好的发挥。

第六节　政府采购制度绩效与预防寻租矛盾 冲突案例分析

本章前几节对政府采购绩效与预防寻租冲突问题进行理论和实证分析，在本节中，拟通过政府采购案例来展示并深入剖析政府采购绩效与预防寻租冲突问题背后的原因，从而为后文的政策建议提供依据。对此，著者进行了专题调研，以下案例是在中央X系统单位实地调研过程中，获得的第一手资料。

一、X系统单位基本情况介绍

（一）X单位是某部直属机构，实行垂直管理体制

X单位机关包括办公室、政策法规处、财务处、审计处、综合计划处、基建装备处、科技信息处、人事处、组织处、纪检监察处等19个

处室。其下设直属单位15个单位（含13个直属局和2个中心）。

（二）X单位政府采购意识观念逐步增强

政府采购是对机关事业单位传统采购方式的根本性的变革，在改革的初期，大家对新的要求和规定理解不深，具体操作在很大程度上还受习惯性做法的影响，这是推进政府采购工作的一个主要瓶颈。通过加大宣传、培训、交流等多种形式的活动，系统各单位对实施政府采购的重要意义、相关法规制度、发展趋势、配套体系建设以及部门预算、国库集中支付改革的关系有了比较深入的认识；政府采购意识增强了，重视程度提高了，部门之间的配合也就比较顺畅了。

（三）X单位政府采购制度建设不断完善

X单位以制度建设为切入点，局本级和各直属单位均在《政府采购法》《招投标法》和上级相关文件的基础上，结合本单位的实际情况，先后制订了政府采购办法、政府采购程序等规范性文件。分类资产的政府采购实施细则，如航标类资产政府采购实施细则、测绘类设备政府采购实施细则等也正逐步建立起来，政府采购的具体操作正逐步走上规范化、程序化路线。

（四）X单位政府采购预算管理日渐加强

实行政府采购工作的初期，X系统各单位的政府采购预算与实际执行情况有较大的差距，往往出现超预算上报，执行率不高的情况。随着管理的逐步规范，政府采购的相关工作部门逐渐加强了与部门预算、项目预算工作部门的沟通与衔接，并全面考虑到单位设备配置标准等经济、资产管理方面的其他问题，把这些环节结合起来，统筹安排工作，在上报、批复部门预算的同时，也及时上报、批复政府采购预算。当然设备采购的政府采购预算不能突破各单位硬件设施配置标准，通过这些控制手段，多措并举，政府采购的预算管理水平有了提高，预算执行率大大改善。

（五）X单位政府采购规模效应日益显现

政府采购通过成批集中采购、规模采购和询价、公开招标、竞争性谈判等市场手段，有效降低了行政成本，使有限的政府采购资金发挥了应有的作用。对于经常性商品采购，实行协议供货，通过中央机关政府采购中心采购，方便了采购工作，享受到了规模经济效应；对于尚未实行协议供货的商品，尤其是大额采购项目，如汽车、电梯等，委托地方政府集中采购机构采购，同样达到了规范操作、节约资金、提高效率的目的。各单位在实际执行过程中，也能合理安排，着力减少采购批次，提高采购数量；对于系统内的广泛性需求，如船舶保险、浮标保险，实施了部门集中采购，进一步降低了采购成本。

（六）X单位监督机制逐步建立

政府采购的管理体系引入了职能分离、相互牵制、相互监督的科学思想，在制定具体的实施办法时，也充分考虑了这一点，着力强化内控、监管分离，保证采购行为的公开透明和全程监督，从源头上防治寻租。通过成立政府采购领导小组和专业采购小组，实现了监管和实施的分离，"裁判员"和"运动员"各司其职；对大部分的商品如计算机等，实行归口集中采购，实现了采购人和使用人的分离；强化预算约束，实现了资金管理和业务管理的分离；加强监督，堵塞漏洞，实现了验收和付款的分离。通过建立一整套相互协调、相互制约的工作机制，并将这些制度真正落到实处，让廉政建设和预防寻租工作确实能够取得实效。

二、X 系统单位政府采购现状

（一）X 单位政府采购主要内容及采购方式

公共财政改革后，X 系统单位资产、服务成为政府采购的主要内容之一。X 系统单位采购具有规模庞大、种类繁多、技术含量高、专用设备多、行业特点明显的特征。其既有一般性的办公设备资产，如计算机等；也有全国范围内仅有 X 系统单位独有的资产，如 AIS 系统、VTS 系统、DGPS 系统等；有的资产仅有 X 系统单位和特殊部门使用，如一些通信设备；有的资产仅有 X 系统单位和海洋勘探、石油开采等部门使用，如海洋测量设备。

1. 协议供货采购

根据中央预算单位政府采购目录及标准，X 系统单位按照所在区域分为京内单位、京外单位两类，分别执行京内单位协议供货目录和京外单位政府采购目录。对于供货目录内的商品和服务，通过系统登录中央政府采购网实行采购。需要批量采购的货物，通过中国采购网政府采购管理系统逐级上报财政部，由财政部统一招标采购。

2. 单位系统集中采购

近年来 X 系统单位集中采购工作取得了较快的发展，X 系统单位部门集中采购主要在以下领域：一是船舶建造项目的集中采购。船舶建造是 X 系统单位基本建设的主要内容之一，通过系统集中采购，成立船舶建造工作组，将系统同船型的船舶建造计划集中进行公开招标，实现批量建造，可以有效地提高议价能力，节约建设资金，同时较分散采购而言，提高了工作效率，节约了招投标成本。二是统一保险集中采购。X 系统单位的主要职责是水上交通安全监管和提供航海保障服务，属于高风险行业，巡逻船、航标船、浮动标志、固定标志、VTS 户外设备、船员以及一线执法人员等由于恶劣天气、水上交通事故、盗窃等因素，面临一定的风险，为分散风险，获取风险补偿收益，系统单位统一组织，对上述资产和人员进行了统一保险，采用公开招标的方式明确了保险公司和保险经纪公司，统一签订保险合同，既实现了规模效益，又获得了优质的理赔服务，实现了部门集中采购的优势。三是船舶燃料集中采购。X系统单位船舶资产总量大，共有各类巡逻船艘、航标船艘。船舶燃料费是日常经费的重要部分，为规范船舶加油采购管理，X系统单位牵头组成了集中采购小组，采用招标的方式，确定了中燃集团及其下属各分公司为系统船舶燃料的供应商，实现全系统范围内定点采购，这一方式保证了船舶燃油的供货质量、售后服务并取得了一定的价格优惠。四是航测进口设备。VTS设备、航标器材、扫侧、绘图设备中的高端产品国内没有生产商或国产设备达不到技术要求，需要从国际上少数几个垄断企业采购，为实现采购的规模效应，把好质量关、技术关，X单位系统对此进行集中采购。

3. 单位分散采购

单位分散采购的政府采购项目主要是达到邀请招标标准以上的采购项目。X系统分散采购的主要内容是土建类项目，如办公用房、业务用房、固定标志等的新建、改扩建和装修，船舶修理、航标器材的采购等。

（二）X单位政府采购项目分类及预算执行情况

X单位政府采购项目主要有货物类、工程类和服务类。货物类主要包括台式计算机、打印机、纸张、多功能一体机、汽车等。工程类主要是指执行了招投标程序的基本建设项目或行政事业性项目。服务类主要有车辆保险采购、海上统一保险、定点加油采购、会议服务等内容。

2013年度政府采购数据显示，X单位政府采购预算总额为196027.66万元，当年实际采购金额182366.75万元。其中：财政性资金政府采购100553.92万元，其他资金（均为政府性基金）采购

81812.83 万元，总预算执行率为 93.03%。

表 5－10　X 单位 2013 年度政府采购数据

项目	预算总额（万元）	实际执行额（万元）	执行率（%）
货物类	58008.39	54804.66	94.47
服务类	131014.58	121015.54	92.37
工程类	7004.69	6546.55	93.46
总计	196027.66	182366.75	93.03

（三）X 单位政府采购管理机构

根据政府采购公平、公正、公开的原则和实际管理的需要，各直属机构均设立了由政府采购领导小组、领导小组设办公室和招标小组。领导小组办公室设在财会处，负责日常工作。招标小组承担政府采购项目的临时采购工作，由基建装备处、法规规范处、财务会计处、审计处等部门人员及与项目要求相应的技术人员等 5 人以上的单数组成，其中技术人员可以在局机关或局属单位选定。通过设立机构、明确分工，落实责任，使政府采购工作日常管理、分工协作有了组织保证。主要职责分工如下：

1. 财务会计处：作为政府采购工作的归口管理部门，负责日常管理和监督工作，主要职责有研究制定政府采购管理办法及相关制度；指导和监督政府采购实施工作；负责年度政府采购预算的汇总上报和批复下达；按期汇总上报政府采购计划和执行情况；审核、拨付政府采购资金；编报政府采购信息统计报表；

2. 招标小组：职责是受理并讨论各部门提交的政府采购项目招标、竞争性谈判及询价的范围、方式、组织形式、评标办法、拟邀请的供应商范围；按照招标文件、竞争性谈判文件及询价文件要求的评标办法，对投标单位进行资质审核，对投标文件进行评审，以排序方式推荐三名中标候选人；负责招标、竞争性谈判和询价、采购评审以及撰写各种会议纪要。评标会议纪要至少应包含开标时间、开标地点、参加开标单位及人员、标的内容、开标过程的记录等方面。

3. 局机关各部门：按职责分工和年度项目计划，负责实施设备购置和项目的招标、竞争性谈判及询价等采购工作，具体职责是根据局年度设备购置计划，统筹实施本年政府采购设备购置；按规定时间向财务会计处报送政府采购计划；编制项目预算并按照《本级财务开支审批制度》要求对项目费用开支组织会审；按照有关规定提出项目的招标、竞争性谈判及询价的范围、方式、组织形式、评标办法、拟邀请的供应商范围及产生办法等初步意见，报招标小组讨论审议，符合局"三重一大"事项，还需提交局党政联席会审议；根据要求，编写采购项目、竞争性谈判和询价等环节的有关文件，并及时送达基建装备处、法规规范处、财务会计处、审计处进行审核，如果属于科技信息类项目，还应送科技信息处审核；委托招标代理公司或提请招标小组实施招标、竞争性谈判和询价评审工作；按要求签订和履行采购合同；负责采购项目的信息统计和资料归档工作。

4. 纪检监察处：负责政府采购工作的全程监督。

5. 局属各单位：具体负责本单位的政府采购工作，实施上级下达的政府采购工作。具体职责是制定本单位的政府采购实施办法和规程；编制政府采购预算；按规定时间向局财务会计处上报政府采购计划；组织本单位政府采购执行工作；负责本单位政府采购信息统计和资料归档工作。

三、X 系统单位政府采购业务描述

（一）采购项目计划编制

预算编制部门在"采购项目计划编制"环节负责编制本部门的采购项目计划。采购项目计划包含采购项目、预算数量和金额等信息。编

制部门的采购项目既包括政府也包括非政府的采购项目。一般情况下，采购项目计划的编制以下一财政年度的《中央预算单位政府集中采购目录及标准》为依据编制采购项目计划。

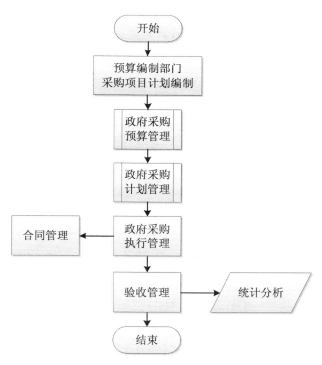

图5－3 政府采购业务流程图

（二）政府采购预算管理

政府采购预算是对政府采购项目，包括货物、服务、工程的采购预算审批和预算调整的全过程管理。主要包括采购项目计划编制完成后，提交归口管理部门进行审核；归口管理部门将对采购项目进行"政府"和"非政府"采购项目的划分，并审核预算编制，确认后上报本级财务部门；财务部门将分配和确认采购项目的预算科目，审核预算数量和金额，完成后提交主管领导审批；财务部门确认的预算数据报送相关主管领导审核确定；归口管理部门或财务部门可以根据上级批复和实际预算执行情况对预算数据进行调整。

（三）政府采购计划管理

预算编制部门政府采购计划编制完成后，提交到归口管理部门进行审批。归口管理部门可以对政府采购计划进行调整，审批通过后，汇总上报财务部门确认，采购部门确认后，报送主管领导审核确定，主管领导审核通过后落实执行。采购计划审批流程图所示。

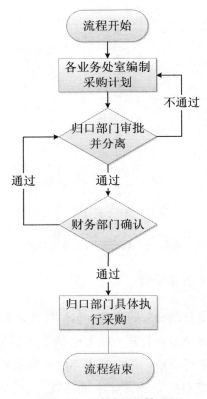

图5－4　采购计划审批流程

政府采购预算要按照已编制好的政府采购计划来具体实施。政府采购预算经过批准后实施，采购人员根据采购计划要按月编制该年度内政府采购预算的具体执行方案。条件成熟的单位可以按季或按年编制政府采购计划。政府采购计划内容通常应包括具体的采购项目、采购数量及采购预算等。采购人员应考虑工作需要和资金安排的落实情况，合理安排采购计划的实施进度，有时甚至要提前提出采购申请。上一年政府采购计划的数据要作为下一财政年度政府采购预算编制的依据，并以此为基础进行统计分析。

（四）政府采购执行管理

政府采购执行管理就是在整个采购过程中对政府采购的具体采购行为进行规范化管理。政府采购程序都要严格遵照采购法以及相关规章制度的规定。按照集中采购、分散采购、部门集中采购三种采购方式执行。

集中采购有五种方式，分别是公开招标、邀请招标、竞争性谈判、单一来源采购和询价。除五种采购方式之外，则需遵照政府采购规章制度的基础上，根据实际情况确定分散采购方式。

（五）合同管理

合同管理就是根据《中华人民共和国合同法》和其他相关法律法规的规定，并和单位的实际情况相结合，结合本单位制订出具有可行性的合同管理制度，以便对合同签订、合同履行、合同变更及解除和资料收集整理的整个过程进行管理。

（六）验收管理

验收管理的主要包括政府采购行为的验收和实际购买、租赁、委托、雇佣的采购项目的验收。采购行为的验收是指政府采购项目采购完成后，归口管理部门根据政府采购管理部门（政府采购中心）提交的《政府采购项目验收单》，对政府采购行为执行结束的确认。采购项目的验收是指对采购对象的验收确认，包括货物入库、服务完成、工程竣工等情况。

四、X系统单位政府采购制度提高绩效与预防寻租冲突表现

X系统单位实行政府采购管理已有12年，逐步走向了规范化运行的轨道。X系统单位根据政府采购法律、规则、条例制定较为全面和相对完备的政府采购制度体系，目的是从源头防治寻租和治理商业贿赂，杜绝采购过程中存在的以权谋私问题。由于X系统单位每年有20亿政府采购金额，包括货物、工程和服务采购，有些还是该系统独有的，确实存在一些采购人员在采购过程中利用各种手段和机会谋取私利的风险。此外，X单位政府采购制度同样存在提高绩效与预防寻租相冲突的矛盾，X单位制定详细的规章制度用来预防寻租，不利于政府采购绩效提高。同时，一些官员利用政府采购制度滞后于采购的发展制度的漏洞，谋取私利。一些官员权力凌驾于的制度之上，使现有的制度"软化"，出现有令不行、有禁不止的现象，导致政府采购绩效偏低。

（一）X单位政府采购制度绩效低主要表现在以下几个方面

1. 政府采购预算编报质量低，预算批复效率低

政府采购预算根据要求是要被纳入部门预算的，通常在本年度就要提前编报下一个预算年度的政府采购预算，在编报时要确定单项货物的具体数量和金额，预算单位很难提前一年测算准确，很大程度上依赖于预算调整，而政府采购预算调整一般在每年10月份进行，采购预算调整批复一般在11月份，预算调整后，由于时间较紧，当年采购预算很难执行完毕，影响政府采购的效率。2013年X系统单位申请政府采购预算申请调增36780.87万元，其中基本支出737.74万元、项目支出

36043.13 万元，申请调减预算 13802.57 万元，其中基本支出 1009.67 万元，项目支出 12792.90 万元。政府采购预算调增理由主要有：一是新增人员需要按规定配备办公设备；二是 X 系统单位进行机构改革新增了一些分支机构需要购置必要的设备；三是追加经费预算时对政府采购预算进行调增。政府采购预算调减理由主要有：一是计算机等办公设备进行批量采购使整体采购成本有较大降幅；二是各单位按照国家规定进一步压缩行政运行费；三是调减经费预算对政府采购预算进行调减。此外，政府采购预算必须在批复后再能执行，中央单位采购预算一般在全国人大审议通过后批复，基层单位收到批复后已经是 4 月份，严重影响政府采购的绩效。

2. 批量集中采购周期长、绩效低

X 系统单位根据财政部门统一要求，通过"政府采购信息系统"将政府采购计划逐级上报。在批量集中采购目录中，各单位按照采购目录，将台式计算机、打印机和便携式计算机等产品需求汇总后，当月填报下一个月采购计划。复印机、传真机、扫描仪、复印纸、空调机和碎纸机汇总后，按季度填报采购计划，每季度最后一个月填报下一季度计划的产品，经审核后，单位采购计划汇总后应于当月 10 日前报送至财政部。由于系统单位层级较多，批量采购货物周期长，效率低下，甚至有时候买一台空调需要半年以上时间，影响采购单位的使用。像电脑、打印机等电子产品，由于更新换代快，市场价格波动大，如果出现采购时价格较高，但产品到手时市场价格却下降很多，就会产生政府采购价格高的感觉，花了"冤枉钱"。有的批量采购跨年才能完成，批量集中采购的采购计划经财政部备案后不能进行调整或修改，导致资金的闲置，影响资金的使用绩效。X 系统单位批量采购流程如图 5-5：

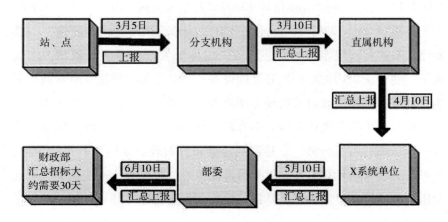

图 5-5　X 系统单位批量集中采购流程

例如，某站点按计划购买一台打印机，3 月 5 日上报到分支机构，分支机构汇总各站点采购计划通过财政部政府采购信息系统于 3 月 10 日上报到直属机构。由于分支机构较多，负责采购岗位人员少，并且兼任其他岗位，不能做到随时汇总上报，一般一个月汇总上报一次。直属机构汇总各分支机构采购计划于 4 月 10 日上报到 X 系统单位，X 系统单位汇总各直属单位采购计划于 5 月 10 日上报部委，部委汇总各系统单位采购计划于 6 月 10 日上报到财政部，财政部汇总各部位采购计划后委托采购机构进行公开招标。通过以上流程采购一台打印机至少需要 1 个月。如果采购一台复印机，需按季度上报采购计划，如果中间环节出现问题，延误上报时间，采购时间需要延长 3 个月以上，甚至 6 个月以上。

3. 进口产品审批流程和采购方式变更流程复杂，采购绩效低

对于采购进口产品的相关办法，财政部相继颁布具体的实施办法，并明确了进口产品网上申报的程序。由于 X 系统单位业务的特点，对进口产品采购的业务需求比较突出，VTS 设备、AIS 设备、高精度扫等设备由于国内无同类产品或产品质量与性能达不到要求，需要采购进口

产品。进口产品的采购申请需逐级上报，需要提供的专业证明资料多，审批周期相对较长，不能适应 X 系统单位业务的应急性和预算执行进度管理的要求。X 系统单位部分大型成套设备及其配件或后续服务的供应商全世界只有唯一一家或少量几家，在备品配件或者后续服务上也没有可选择性，根据规定需要国际招标采购，一般只有一家单位投标，需要办理采购方式变更手续，变更政府采购方式主要是由公开招标方式变更为邀请招标方式，在实际实施中，需将项目立项情况，公开招标流标的有关证明作为依据，向上级主管部门逐级申报。但申报审批手续较为复杂，环节太多，操作程序繁琐。基层单位多数地处中小城市，在组织论证专家方面比较困难，不利于正常开展招投标工作。采购时间周期长，一方面影响项目的执行预算进度，与当前狠抓预算执行的要求有矛盾，另一方面，周期的延长增加了采购价格的不确定性。截至 2013 年，工作中进口产品或方式变更采购的申报往往在执行采购前，或流标后，因专家论证、上报审批需要一定的时间周期，延长了项目执行时间。

（二）X 单位政府采购寻租问题及对采购绩效影响

1. 采购过程中规避公开招标

X 单位为了提高采购资金的使用效益，更充分地发挥政府采购的功能，规定在个别特殊的情况下，可以变更政府采购方式，但是，这种变通政府采购方式让当事人谋取私利有了可乘之机，甚至为达到可以变通采购方式条件，不惜提供虚假条件。在实际操作中，本来需要通过公开招标采购，可是采购当事人为了谋求利益最大化，往往想方设法将政府采购"简化"为定点采购，将必须采用公开招投标方式的采购项目，改变为其他符合自己利益的采购方式。比如，如果一个项目价值超过了采购目录规定的数额、按规定必须使用竞争性招标，但采购人可以把一个大的项目分解成几个小的、价格更低的项目，就规避了法律，可以不采用竞争招标采购。规避公开招标，导致政府采购不能有效发挥作用，这极大地妨碍了政府采购本应产生的利益。

2. 决策透明度不高，导致暗箱操作

X 单位政府采购制度是按照公平、公开、公正的原则制定，在制度设计上是为了防止暗箱操作和权力寻租。然而在采购时，个别单位最终由少数领导决定，按照领导的意愿确定中标者或供应商。尽管表面上符合规定的采购程序，但实质上却可以摆脱法律的监管和约束，通过暗箱操作利用"曲线救标"的捷径让权力寻租频繁发生。

3. 采购预算不合理、监督机制软化

采购人资金预算不合理为政府采购寻租提供了机会、创造了空间。一是采购人在编制政府采购预算时，因采购项目不明确，或利用信息不对称的优势，故意超标准编制政府采购预算，导致预算金额大大超出实际采购金额，从而为行贿和索贿提供了资金来源。X 单位每年约 2 亿元的大型资产运行维护费，单项资产每年都有一定金额的运行维护费，个别单位为了获取运行维护费用，千方百计地要求增加大型资产数量，即使当年新建的资产也会取得一定金额的运行维护费。维修方为了取得维修合同，往往采取贿赂维修负责人的手段。因此，在资产维修之前已经有大量资金流入项目负责人的腰包。而项目负责人为了获取更大不正当利益，在维修时与维修方串通，采取少维修，甚至不维修的手段，套取现金。财务、审计和纪检部门作为政府采购的监督方，仅仅对政府采购的流程和资金支付进行监督，而相关资产的业务知识缺乏，导致监督乏力。预算编制的不合理，以及监督机制的软化，造成政府采购过程中随意和盲目行为，采购资金流失和使用效率低下。

4. 相关人员形成利益同盟，共同谋取不正当利益

虽然政府采购制度禁止采购人对特定供应商提供帮助，也禁止采购人将潜在供应商排斥出招标范围之外，但是采购人可以添加一些只有少数供应商才具备的特殊要求，不仅为更多潜在的供应商设置了障碍，而且使他们的投标处于不利地位，帮助少数供应商顺利地通过评估并最终

赢得更多合同。采购部门与供应商的利益同盟，使政府采购制度空心化，造成采购资金的流失，采购货物和服务价格高，质量差。

五、X 系统单位提高政府采购绩效与预防寻租冲突原因

存在上述问题的原因是多方面的，既有来自 X 单位方面，也有采购代理机构和供应商的利益驱使，制度的缺陷和不完善也是重要的影响因素。根本的原因是政府采购制度绩效与预防寻租矛盾冲突，导致寻租严重影响采购绩效。

（一）制度设计客观因素影响了绩效

X 单位为实现提高绩效与预防寻租的采购目标，制定规范的政府采购规章制度，按照采购制度规定，完成一项政府采购，一般需要经历确定采购项目编制、采购预算、采购计划、采购执行、验收等阶段。每一阶段都有详细的流程，比如，选择采购方式就有对公开招标、邀请招标、询价、竞争性谈判、单一来源等采购方式的具体选择；具体操作过程就包括采购的前期准备，如市场调查、采购信息发布、组织招标评标或与供应商进行协商谈判、解决采购过程中的质疑与争端问题，确定中标供应商等具体工作；签订采购合同是指采购单位与中标供应商签订合同；资金结算则是指根据合同的规定和验收结算报告，由采购管理机关安排向供应商支付资金。由此可见，政府采购目标实现的流程环节比较多，导致一项采购任务的周期较长。如果流程环节间衔接不畅通，会进一步影响政府采购实现的绩效。例如：对于询价、单一来源采购、竞争性谈判方式采购等非公开招标项目，如果仿效公开招标做法，则公告和公示期难免显得过长①。因此，有必要对现行政府采购执行体系进一步

---

① 徐深义. 为政府采购"价高、质次、效率低"支招［J］. 中国政府采购，2012（04）：54 - 56.

优化，减少交易费用，降低制度运行成本。

（二）X单位采购人员设租动机

采购人员作为"经济人"具有对经济利益的追求，导致其提出的采购标准不合理，这又直接关系到政府采购目标实现的绩效高低，主要表现为：一是如果采购人员提出的政府采购项目存在指定供应商、特定品牌的嫌疑，将导致采购人员围绕政府采购文件的制定，和采购代理机构之间分歧较大，双方谈判耗费的时间长、交易费用高，甚至不愿意配合代理机构的正常工作要求。同时，如果中标商为采购人非倾向供应商，在其履约时故意刁难，导致政府采购合同难以顺利签订。二是如果在采购人员的政府采购需求中提出的价格、技术或商务标准不合理，要么偏高，要么不切实际，将导致采购人员和采购代理机构之间协调困难，使采购工作难以顺利开展。三是采购人员的干扰性需求影响政府采购制度绩效，在政府采购工作开展进程中，采购人为达到设租目的提出各种干扰性需求，将影响政府采购的正常开展。如采购人在验收环节，提出各种补充的技术、价格和质量保障需求而故意推迟验收时间，以向供应商索取贿赂，将引发供应商的投诉和采购双方之间的利益纠纷，从而影响政府采购制度的绩效。

（三）X单位在采购中的优势地位

在政府采购实践中，采购单位的优势地位是诸多问题的根源，采购单位的优势地位既容易滋生政府采购寻租现象，又导致了政府采购制度运行费用的增加，还制约了政府采购效率的提升，更谈不上政府采购政策功能的实现。一是供需失衡下买方市场的优势地位。政府采购需求数量和规模都比较庞大，采购单位在政府采购市场交易中处于相对优势的地位，即买方市场角色，掌握购买上的话语权，再加上市场竞争领域商业寻租之风的盛行，使采购人员权力设租的动机更为强烈，采购人员的优势地位在综合因素的影响下进一步被加强和巩固。二是信息不对称条件下个人利益扭曲公共利益。在政府采购活动中，采购人员与采购执行机构、政府采购管理部门，归属于不同的职能部门，而部门间又存在信息不对称现象。采购人员本身具有"经济人"特征，政府采购的公共动机与采购人员个体动机显然存在明显的差异，这必然导致个体与整体之间的一种矛盾，使采购人员本能地消极对待政府采购制度，甚至形成抵触动机和倾向①。在这种情形下，采购人员即使服从政府采购制度安排，也存在利用信息不对称的优势地位，把个人利益置于公共利益之上，导致政府采购的目标被扭曲。三是特殊行业和特殊用途的借口。X单位存在业务性质上的特殊性，某些采购项目是该单位独有。于是，某些采购人员在政府采购活动中常常处于强势地位，主观采购倾向明显，常常冠以特殊用途的借口，导致通用采购需求被赋予特殊采购、应急采购的名义，其背后的动机和目的则是多元的，产生的负面影响则可涵括为寻租、低效率采购、交易费用高、政策功能难以实现等。

六、案例思考

X单位根据单位实际情况制定较为规范的政府采购制度，在一定程度上促进政府采购绩效提高，在预防寻租方面也发挥了重要作用。然而，该单位仍存在采购绩效偏低和寻租双重问题，也进一步证实了两者之间的冲突问题。X单位政府采购存在绩效低和寻租双重问题，一是政府采购制度在设计上存在缺陷和不足；二是该单位制度执行力度薄弱。一个完善的政府采购制度需要尽心尽职的人员执行，如果单位采购人员没有为人民的公仆之心，缺乏为人民理财的责任感，再好的规章制度也难抑制贪欲之心。对此，我们要全面认识政府采购制度提高绩效和预防

---

① 白志远. 政府采购人优势地位合理利用的探讨［J］. 中国财政，2008（17）：66－67.

寻租问题，特别是寻租对提高政府采购绩效消极影响方面。

政府采购寻租行为产生的原因较为复杂。政府采购寻租问题层出不穷，防不胜防，也说明了政府采购寻租问题在目前的各项约束条件下有其存在的必然性，要控制或全面消除政府采购寻租问题，必须与现阶段的具体国情相结合，深入探讨政府采购寻租问题的成因，不能仅仅依靠政府采购制度来完全消除采购中的寻租。否则，政府采购制度不仅不能起到消除寻租的作用，还有可能导致政府采购绩效低下。

第七节　本章小结与启示

一、本章小结

本章在剖析政府采购制度绩效与预防寻租原因和表现的基础上，通过构建模型和实地案例调研进一步验证了政府采购制度绩效与预防寻租冲突问题。首先，通过构建固定效应模型检验了政府采购绩效对寻租的影响，结果发现，政府采购制度绩效在预防寻租方面作用不明显。其次，通过构建三个模型分别从微观经济绩效、宏观调控绩效和政策功能绩效三个方面验证政府采购寻租对政府采购制度的影响。三个方面实证结果表明：一是寻租严重影响我国的政府采购经济绩效，而市场化程度的提高，会降低寻租程度，有利于改善我国政府采购经济绩效。二是寻租扭曲了政府采购制度，导致采购支出的不合理配置，使得采购宏观调控绩效偏低。三是寻租影响政府采购政策功能体系之间较好的衔接，未能形成强大的政策合力，使得公共资金的公共利益价值未能最大化得到体现。同时，著者结合实地调研案例来演示当前我国政府采购绩效与预防寻租冲突问题，以及寻租对政府采购影响，进一步证实采购绩效与预防寻租相冲突问题，也表明了寻租严重影响政府采购绩效。

二、本章启示

由于政府采购制度绩效与预防寻租在目标上冲突，提高政府采购制度绩效容易滋生寻租，遏制寻租又导致政府采购制度绩效降低，我国政府采购存在绩效低与寻租双重问题。同时，由于我国市场经济不完善，市场化滞后与政府采购发展不适应，政府官员权力凌驾于制度之上，政府采购制度在执行中"软化"，甚至在权力的支配下"扭曲"，政府采购制度遏制寻租的功能没有得到有效的发挥，反而在寻租的影响下出现政府采购绩效较低的情况。在我国现有资源的条件下，政府采购制度主要功能应该放在提高采购绩效方面，而对预防寻租方面不能予以太高的要求。如果将提高绩效和预防寻租作为政府采购制度基本目标，将会导致政府采购制度承载太多的功能压力，不能有效发挥政府采购制度应有的作用。

第六章　主要研究结论与政策建议

在本章，根据本书对我国政府采购制度绩效与寻租问题分析路径，著者对得出的研究结论进行了进一步梳理和总结。同时，政策建议是理论研究价值的归宿和最终落脚点，著者拟从政府采购制度绩效、政府采购寻租以及绩效与预防寻租冲突多个视角提出相关政策建议。

第一节　主要研究结论

在本书的研究过程中，著者按照既定的研究思路综合运用实证分析、规范分析等研究方法对 2013 年前该命题逐步展开研究，得出了如下主要研究结论，具体是：

一、政府采购制度提高绩效与预防寻租目标相冲突

提高政府采购制度绩效与遏制寻租，是我国建立和推行政府采购制度初衷和基本目标，也就是追求政府采购领域的效率与公正及其二者之间的平衡，提高政府采购绩效与预防寻租两大目标的内在关联性和制度安排成为政府采购制度要解决的难题。政府采购制度预防寻租目标体现了政府采购制度公正原则，公正是采购绩效存在的基础和前提，缺乏公

正的绩效不是真正的绩效，即使存在绩效也是暂时的、相对的、表面的，甚至会带来灾难性的后果。政府采购制度绩效偏低不利于公共利益的公正分配，进而影响社会公正。同时，不公正的政府采购即使存在绩效，甚至绩效很高，也只是一种负向的绩效，不仅不能给公共利益带来贡献，反而可能导致严重的寻租，削弱和破坏政府的治理能力和公众形象。同时实现提高绩效与预防寻租两大目标，或达到两者的平衡，是政府采购制度的一种理想状态，很难实现。

截至 2013 年，我国政府采购制度绩效偏低和寻租现象并存，政府采购制度没有起到遏制寻租的作用，反而寻租进一步恶化，影响政府采购绩效。一方面是我国制定一系列政府采购规章制度，没有起到遏制寻租的作用，反而因为繁琐的制度降低了政府采购绩效。政府采购制度在实际执行过程中，公开透明的招标制度发挥不了应有的作用，"暗箱操作"等显失公平的现象却经常出现，政府采购监管部门不能充分实施监督职能，不少采购严重扭曲政府采购制度应有的效率原则，一些由"专业化"采购队伍通过"大宗规模化"采购的商品，不但价高，而且质劣。另一方面，政府采购相关人员，在政府采购过程中打着"效率和公正"的旗号进行暗箱操作和违法行为，导致政府采购成为商业贿赂等寻租行为的重灾区，政府采购面临着严重的信任危机，因而进一步加剧了采购绩效的低下。

二、政府采购制度承载的功能过多不利于有效发挥作用

政府采购制度作为政府公共财政支出的一项重要制度，对提高财政支出的绩效将发挥重要作用，而对于预防寻租方面也起到一定的作用。然而，从制度经济学角度看，我国政府采购制度被赋予的功能过多，导致政府采购功能作用无法充分发挥，甚至会带来很大的副作用。市场经济不完善、市场化滞后于政府采购的发展、政府与市场界限模糊、政府官员权力凌驾于制度之上，使政府采购制度遏制寻租的功能没能有效发

挥，反而在寻租的影响下出现政府采购绩效较低的情况。发挥政府采购制度提高绩效和预防寻租功能应当综合权衡、合理取舍。截至 2013 年，在我国现有资源的条件下，政府采购制度主要功能应该重点放在提高采购绩效方面，而对于预防寻租方面不能赋予太高的要求，把预防寻租的功能与其他预防寻租制度结合起来。如果将提高绩效和预防寻租作为政府采购制度基本目标，将会导致政府采购制度承载太多的功能压力，反而不能很好地发挥政府采购制度应有的作用，最终出现政府采购绩效提高和预防寻租冲突问题，并且在短时间内难以调和。

第二节　政策建议

基于本书研究结论，著者认为我国政府采购制度提高采购绩效与预防寻租本质目标具有一致性，之所以出现绩效低与寻租双重问题，主要根源在于政府采购制度被赋予功能过多，以及政府过多干预和市场的扭曲。著者认为解决政府制度采购绩效与预防寻租问题，最终要靠完善市场经济和准确定位政府职能来实现。

一、遵循市场经济规律，规范并合理控制政府采购规模

党的十八大报告中指出"经济体制改革的核心问题是处理好政府与市场的关系"，党的十八届三中全会明确提出要发挥市场在资源配置中的决定性作用，再一次强调了市场决定资源配置是市场经济的一般规律。这体现了党和政府不断结合客观经济形势的变化，对市场功能的认识日益提高。以往，我国政府会涉足一些与民争利、与市场争利的生产性领域，加上现行政绩考核模式，导致一些地方政府官员盲目地提出大规模的政府投资需求，进而导致采购支出不合理。另外，由于寻租的存在，往往会扭曲投资项目的支出数量与结构，降低公共服务与基础设施

的质量。而国家为了尽可能减少寻租的发生，制订了一系列复杂且高成本的程序，然而它在减少寻租的同时也会造成其所购买的商品和服务的价格上涨。因此，寻租扭曲了政府采购制度，导致采购支出产生不合理配置，引起采购支出的低效率偏向。因此，应该约束政府对政府采购支出干预，让位于市场主体，充分发挥市场机制的活力。

（一）约束工程采购支出规模

要发挥市场在资源配置中的决定性作用，迫切需要政府在诸多领域退出市场，如果政府的工程投资继续处于主导地位，将会对市场主体产生"挤出效应"，市场主体的经济活力受到制约，根据实证分析结果可知政府工程投资支出产出弹性低于非政府工程投资支出产出弹性，并且，在积极财政政策作用下的政府资本投资对宏观经济产生了负面效应，政府工程投资支出规模过大，增加了政府采购工程支出成本，因此，有必要对我国政府工程采购支出规模进行约束和严格管理，主要可采取三个方面的措施：一是通过法律法规明确界定地方政府的职能范围和权力边界，按照市场经济健康发展要求对地方政府干预经济的权限、范围和方式进行明确界定；建立地方政府工程投资支出决策程序科学化、民主化和透明化机制，减少工程投资决策的随意性和盲目性。同时，中央政府要严格审批地方政府申报的投资项目，并建立地方政府投资项目责任追究制，防止出现因重复投资建设导致不合理的工程投资规模扩大现象。二是政府工程投资支出在决策和执行环节上，尽可能做到全方位的公开透明，广泛听取社会各界意见，自觉接受外部约束，避免政治投资的"短期行为"。同时，加强政府投资的内部约束，政府要加强纪检、审计等部门监督力量，对政府投资执行过程进行严格的监督，防止一些部门基于部门和个人利益的设租动机，扭曲了公共价值取向。三是扭转唯 GDP 为核心的政绩考核理念。建立以公共利益为核心的官员政绩考核指标体系，改变以 GDP 为中心的政绩考核理念。官员政绩考核模式直接决定了我国政府工程采购支出规模的大小、政府行政成本的高低和经济结构调整速度的快慢，因此，建立以公共利益为中心的政绩考核指标体系迫在眉睫，这事关我国政府工程采购支出的绩效提高和预防寻租功能的发挥。

（二）控制政府货物和服务采购支出

针对2013年之前相关情况，著者提出如下思考。第一，控制政府运行成本。首先要严格控制楼堂馆所等超标准的办公场所建设。楼堂馆所建设是政府采购寻租案件的多发领域，如果不严格控制和规范楼堂馆所的建设，将会产生诸多的负面影响。其次，要严格执行国家办公设施的配置标准，防止超标准采购。政府超标准采购导致的寻租等行为严重影响了政府的形象和权威性，因此，政府机关办公设施中的货物和服务采购一定要按照科学合理和实用的标准组织开展政府采购招投标活动。再次，要严格执行八项规定，控制"三公"经费支出，而且，要提升政府官员的采购国货意识，要采购自主品牌产品，支持民族企业的发展。最后，政府运行成本要及时向社会公开，包括预算编制、预算执行以及预算的绩效考核结果均要公开，增强政府财政信息透明度，自觉的接受社会公众民主监督。

第二，转变政府经济建设职能。当前我国政府经济建设职能过于强大，要尽快将政府过多过强的经济建设职能向社会管理职能转变，尤其是要把经济决策权还权于市场主体，从微观的直接干预转为间接的宏观调控，充分尊重市场在资源配置中的决定性作用。要充分发挥企业、公民和社会组织的自我管理功能，政府主要在"市场失灵"领域发挥作用，把主要精力放在为各类市场主体服务和创造良好经济社会发展环境上，在做好经济调节和市场监管的同时，更加注重履行好社会管理职能，为市场提供自由竞争、公平交易的市场环境和法制保护，集中精力提供市场无法有效提供和不愿意提供的公共产品和公共服务。

第三，创新政府公共服务采购模式。党的十八大提出加强和创新社会管理模式，改进政府供给公共服务的方式要求。在实践中，公共服务采购模式的选择直接影响着我国政府采购规模的大小。与政府干预相比，市场在一些领域发挥作用更有效率，市场主体的参与会使其更加讲究成本和效率之间的平衡协调，有可能以较低的成本提供更高效的公共服务，从一个侧面可以控制政府采购支出的总体规模。因此，在基本公共服务中，政府要转变服务理念和模式，没必要完全依靠自身力量提供所有的公共服务，应该更多地利用社会资源，采取向社会购买服务的方式，选择更有专业技能和服务效率的社会组织来生产，这样才符合资源配置的最优化，达到"小政府、大社会"的方向和建立服务型政府的目标。[1] 因此，通过创新政府服务项目采购模式，让市场主体充分参与到公共服务的生产和建设中来，不仅可以给市场主体提供发展机遇，还有助于我国政府职能的尽快转变，从而控制政府采购支出的宏观规模。

由此可见，对我国政府采购支出规模的控制是一个系统的工程，不仅是对政府工程、货物和服务采购支出规模的约束，还涉及政府经济建设职能向公共管理职能的转变、经济结构的战略调整、政府行政成本的控制、政府官员政绩理念的扭转等内容。只有那些不对经济社会产生"负外部性"的政府采购才有发挥"公共政策功能"的意义，才有组织人力、物力、财力和时间开展具体政府采购的必要。

二、协调政府采购制度目标定位，提高政府采购绩效

如上文所述，政府采购制度提高绩效与预防寻租目标存在矛盾冲突，然而，这两者在本质上都具有实现国家经济和社会效益的目的。在我国现有公共资源有限的条件下，需要对政府采购绩效与预防寻租目标进行准确定位，因为，政府采购只是公共财政支出的一种方式，是经济

---

[1]　汪泳．政府购买服务不等于政府采购服务［J］．中国政府采购报，2013，（11）.

宏观调控的一种手段，对经济社会发展起到导向和示范作用。政府采购制度不是万能的，不能把全部希望寄托于政府采购制度去解决政府采购中存在的所有问题。截至 2013 年，我国政府采购制度被赋予多维功能，在当时的经济和社会条件下，只能突出政府采购绩效功能，兼顾预防寻租功能。防止寻租的任务需政府采购制度与其他预防寻租制度结合起来，共同遏制寻租问题。因此，提高政府采购绩效可以采用以下几种方式：

（一）充分论证需要采购项目

采购项目是指采购人实施政府采购程序的具体对象，主要包括所要购置的货物、工程和服务等。采购项目往往和政府采购效率具有很高的相关性，一般来说，采购项目越多、越复杂、技术含量越高，则需要经过的环节越多，因此花费的时间也越多。相反，采购项目数量越少、越简单明了、科技含量越低，则经过的环节也就越少，因此采购的时间也越短。这就要求采购人在确定项目前必须充分论证，如实上报确定的采购项目，而不能擅自扩大采购项目内容，更不能盲目提高技术和配置标准以及增加采购数量。因此，充分论证政府采购项目科学性和合理性则显得尤为重要。

本研究认为，政府采购项目论证是采购人政府采购目标实现的关键，它直接关系到政府采购市场上的公平竞争秩序稳定，关系到政府采购结果的质量和财政资金的使用效果，因此，当采购人货物、工程和服务采购计划确立以及招标文件拟定好后，在正式通过政府采购信息平台发布之前，应由政府采购管理部门组织专家小组对其政府采购项目内容进行充分论证。

著者认为要建立由以政府采购管理部门为主导，采购代理机构、专家、供应商等主体共同参与的政府采购项目标准约束机制，包括技术、资金、效率等需求内容，从源头上使政府采购项目能够科学、合理的表达。同时，要建立公开透明的采购制度，通过网络和其他窗口及时向社会公布采购信息，接收社会的全程、多方位监督。

当然，政府采购是一项效益和效率统一的政府行为活动，在追求效益时不能忽视效率，对一定规模以下的政府采购项目可不予在采购人需求提出环节进行论证，但对规模较大、技术参数较为复杂的政府采购项目必须组织专家严格的对其论证。在此，著者建议进一步完善我国现行《政府采购法》，在法律条文中进行明文规定，对一定规模以上的货物、工程和服务采购必须加入论证环节，至于规模的具体限额政府可以在《政府采购法》中明确一个相对合理的范围，不同地区、不同级次的政府再结合各地实际情况进一步确定，以保证该项规定的可执行性。

（二）因地制宜地确定不同采购方式

规范化管理是政府采购制度建立的基石，也是提高采购效率的有效途径。通过对政府采购政策法规的熟悉和掌握，使信息公开、程序公开、公平竞争政府采购规范的目标得以实现。要达到这样的目标，一方面需要严格按照相关法律法规进行采购，另一方面要不断地探索新的采购方式，优化采购的各个环节，缩短采购的时间，并提高工作效率。诸如协议供货、定点采购等方式在一定程度上可以缩短采购人的采购时间。一般来说，我们有三种方式，一是以侧重监督制约为主的分段式，二是以侧重效率为主的分类式，三是二者兼顾的方式。但无论采取哪种方式，必须兼顾定性和定量的原则，严格计划、编制招标文件、评审的系列流程，按标准和次序进行。首先，要避免重复招标，合理规划采购环节，缩短不必要的单位采购时间；其次，要降低采购成本，避免不必要的多次资格审核与多次制定标书，利用集中采购的方式提高采购效率。

（三）建立健全政府采购组织机构

对集中采购和分散采购，都必须进行科学有效的组织管理。规范科学的组织管理能够提高采购效率。反之会降低效率，非但不能按时完成任务，还可能出现多次返工等诸多问题。这就要求我们要做到以下几点：首先，健全采购组织。调配人员组成专门的政府采购部门，如因条件限制，如果不具备设立专职部门的单位，也应该设立兼职采购部门。其次，优化组织结构。合理设置组织机构的职能机制，建立有序合理的组织框架，使组织机构的内部分工明确，责权分明。按科学化的流程进行采购，保证采购效率的高效。再次，要科学计划采购。采购前要充分考虑采购的数量、技术要求和其他因素，按照规范合理的程序进行，加强各部门之间的协同配合。最后，采购完成后要严格验收。采购工作完成后需要组织专家验收小组按照采购合同对所有采购的商品的数量、种类进行清点，对设备的性能和技术标准需要进行检验。保证采购行为的合法、合规及最终的达标。

（四）建立采购效果评价体系

加强政府采购管理工作意见的出台，保证政策规定落实有制度依据，我们要将政策功能落实的效果评价纳入现行政府采购绩效评价制度，与政府采购绩效经济性评估、效率性评估、公平性评估一样重视，具体体系建设包括定性指标和定量指标，定性指标有四项。一是政策规定贯彻情况，当地对于上级部门的有关法律、法规是否做到了上传下达并出台相关的规定和章程。二是政府采购机构履行职能情况，评价该地区政府采购监管部门和集中采购机构在履行审批（审核）、备案、控制、统计、分析、档案管理等职能上，是否与发挥政策功能挂钩。三是具体政策功能落实情况，评价该地区对首次采购、强制采购、优先购买国货以及逐步建立和扩大中小企业供应商队伍等采购政策功能的实施情况。四是政策规定监督管理情况，评价该地区对采购人、供应商以及集中采购机构实施的日常监督检查和专项监督检查中，是否将这些采购当事人落实政策功能的情况一并实施了监督检查。定量指标亦有四个。一是政府采购政策功能规模效率，其指标值＝全年政府采购节能环保产品总额/全年政府采购总额×100%。二是政策功能项目采购效率，其指标值＝全部节能环保产品项目采购时间/采购次数。三是采购文件合格率，其指标值＝合格采购文件总数/全部采购文件总数×100%，它能真实地反映该地区发挥政府采购政策功能的水平和规范化程度。需要注意的是这里的采购文件，是指专门为实施政府采购项目服务的各类文件，如招标书、评标报告、中标公告、采购合同等。四是新增中小企业供应商数，评标专家以政府采购节能减排和环境保护等为标准评价当地中小企业的参与情况，同时也是对相关节能环保产品的落实情况的政府采购做出评价。

（五）明确采购绩效政策性评估主体

各级政府采购监督管理部门作为采购绩效评估主体，要严格按照法律履行进行组织政府采购项目采购效果评价活动。一是要建立科学合理的评估程序，提供优质服务，提高采购效率，优化内部采购环节和程序；二是把定性与定量指标结合起来，建立综合评价指标体系，促使采购人自发采购或乐意采购"强采的节能环保产品"；三要加大监督检查力度，建立财政、审计、纪检等多部门综合执法机制，加强对政府的监督，并对典型案例进行公开曝光；同时，在对领导干部实施经济责任审计、对单位负责人实施离任审计和单位财务审计时，各级审计部门要对政府节能环保采购进行审计，对那些应该实施却并未实施政府节能环保采购的单位必须做出审计处理。无论在采购中出现何种形式的违法违纪现象一定要严惩不贷，一定要依法从重处罚，既要追究责任人的经济责任，也要追究责任人的纪律责任，以改变"违法成本低、守法成本高"，"强采政策"不执行的现状。

三、加强对政府采购监督管理，严惩寻租行为

（一）加强对政府采购参与主体的监督力度

政府采购在执行过程中存在的寻租问题不仅仅只是在采购人这一环节，涉及供应商、评标专家、采购机构、管理部门等多个相关参与主体，要确保政府采购活动的规范开展以及政府采购绩效的提高，预防寻租的发生，必须严格监管政府采购执行的每一个环节和操作流程。规范的重点和措施如下：

我们已经看到政府采购过程中诸多问题的根源是在采购人的需求表达环节，而采购人在政府采购中往往处于强势一方，直接导致政府采购的寻租问题屡禁不止。采购人在政府采购活动中不能扮演正确的角色来定位自己，导致滥用采购人的买方市场优势地位，使得部门利益和个人利益凌驾于公共利益之上的行为频频出现，政府采购寻租现象屡见不鲜。针对其在政府采购活动中的强势地位，要对采购人进行多方面的监督，以必要性、合理性为原则使其采购行为规范化。

对于供应商，针对政府采购过程中一些供应商为获得中标机会，通过商业贿赂与采购人、管理机构、代理机构等参与方"串谋"或采取其他违法方式破坏公平竞争秩序，还有一些社会代理机构为获得政府采购代理业务屈从于采购人的不合理利益需求，与利益相关方"串谋"影响政府采购结果，纪委、监察等部门要严格依照国家相关法律法规，加大惩处力度，维护政府采购公平、公正的竞争环境。

对于评标专家，在政府采购需求论证和评标过程中，专家的意见常常对评标结果具有决定性的影响，而由于专家是自由独立身份，导致管理部门对其约束力度不强，为防患"道德风险"，应通过完善的专家进入、退出及惩处机制保证专家意见的客观性，并让专家为其做出的评审

意见担负相应的责任。

目前具体执行采购任务的机构主要还是社会中介代理与政府采购机构，可按照相关行政管理制度来监督其规范运行来保障采购人政府采购需求目标的顺利实现。社会中介代理机构是营利性机构，在经济利益动机下，其行为极易偏离公共利益导向，政府采购管理部门则要按照行业管理法规和条例加强对其的监督，对其违规行为及时纠正、对违背行业法律法规的应通过行业整顿、取缔代理资格等措施进行处罚。政府采购管理机构，是政府采购需求目标顺利实现的"裁判员"，是采购人政府采购需求规模、需求标准、供应商利益维护等的"评判者"，当政府采购管理机构介入寻租之中，就会导致需求规模的失控，标准将不受约束，评标专家、供应商、采购机构的违法违规行为也均将得不到纠正，因此，作为"裁判员"的政府采购管理机构更应该自觉遵守政府采购管理领域的法律法规以保证政府采购需求的规范实现，并履行好对涉及政府采购需求实现的每一个参与方、每一个流程环节的监督职能，防止出现监督的"真空"地带，全面维护和保证政府采购制度处在一个公平和公正的环境之中。

（二）完善政府采购资金约束机制

采购资金的数额关系到采购规模对经济的影响，也容易涉及采购寻租，因此必须加强采购资金的管理。首先，要完善政府采购预算编制制度。政府采购涉及采购财政资金支出，财政资金支出又与控制财政资金的财政预算制度紧密关联，具有刚性约束功能，并且我国政府采购预算也是财政预算制度的一部分，因此，政府采购预算制度也要发挥财政预算制度对财政资金的控制作用。在政府采购预算编制中，要科学、准确、完整，防止采购人通过"化整为零"规避公开采购等违规现象，政府采购预算编制应当保证采购人有足够的时间进行充分调研，保证采购人能够根据其实际公共管理职能需要和在对市场的充分调研基础上提出合理的采购价格。同时，采购人在编制政府采购预算过程中，要严禁与潜在供应商有任何接触行为，更不能为某些企业量身定做编制政府采购预算需求计划①。政府采购的预算编制还要严格遵循"应编尽编、应采尽采、不编不采"的要求，按照规范的格式和统一要求来进行编制，规范政府采购的资金管理。

其次，完善政府采购预算编制，认真落实预算执行制度。尽管完善了政府采购预算编制，但还是需要有规范严肃的执行制度，才能对政府采购资金需求规模进行约束，在执行过程中由于受采购人等相关参与主体随意性影响，其弹性变得极大，且常常出现政府采购支出扩张的现象。事实上，如前所述，在我国政府采购实践活动中，政府采购预算执行的严肃性常常受到来自各方面的影响，因此，在政府采购预算执行中，无特殊情况，不得随意变更既定政府采购项目资金预算安排计划，更不能出现在政府采购预算执行中采购人随意增加政府采购预算资金规模的行为，从而切实维护政府采购预算制度的严肃性。

最后，要规范政府采购资金支付制度。政府采购目标实现需要资金后续保证，政府采购资金能否及时、足额支付，不仅关系到供应商的切身利益，而且也影响供应商参与政府采购活动的积极性。当前，政府采购的资金支付机制是国库集中支付制度，政府采购目标实现后，国库集中支付机构需要对采购人与供应商的合同副本、质检报告、供应商开户行信息及账号等进行监督执行，完成资金支付工作。不能让采购人干预政府采购资金的支付，在资金支付上刁难通过公平竞争中标的供应商，以维护供应商的利益。

（三）加大对采购寻租问题的惩罚力度

截至 2013 年，虽然我国没有针对政府采购寻租方面的专门立法，

---

① 吴正新. 政府采购"质次价高"现象的法律规制（二）［J］. 中国政府采购，2013（008）：70.

但在很多法规中对预防寻租做出了相关规定，政府采购寻租盛行的一个主要原因就是对寻租问题的惩处力度不够。严厉惩罚是遏制政府采购寻租行为、威慑寻租分子及潜在犯罪分子的最直接有效的办法。

首先，严惩寻租。对于政府采购中出现的任何寻租问题无论大小必须严惩不贷，对于涉案人员无论职务高低必须依法追究其法律责任，以零容忍态度面对寻租。只要存在政府采购寻租问题，都要严惩不贷。对确实存在寻租行为的案件进行处罚时，要采取自由刑和财产刑并罚，加大经济处罚力度，没收全部违法的收入，并处以罚金。这样，不仅会对相关采购人员起到震慑作用，还会增加政府采购寻租成本，降低收益，消除内在驱动力，从而减少政府寻租行为的发生。

政府采购寻租问题的根源是人民赋予官员一定的权力，我国一些官员存在着浓厚的官本位思想，总想凌驾于规则之上，享受特权。许多寻租分子在掌握权力的时候就会以"官"自居，既"一朝权在手，便把令来行，便把钱来赚"，使用权力，以言代法、以权压法，为所欲为。要遏制政府采购寻租问题，就必须对政府采购官员的权力资本要素进行限制和控制。因此，国家应进一步完善对国家公务员行政处罚法律和法规条例，坚持行政与刑事处罚并重的原则。对采购寻租的官员，降低其职务，或开除公职，永不任用。对刑事处罚的官员予以开除公职并移送司法机关。此措施加大寻租人员的政治成本，弱化政府采购官员寻租念头，是对政府采购官员的严厉打击，能够有效防止政府采购官员与供应商之间的寻租行为。

（四）增强政府采购制度的执行力

合理长效的政府采购制度体系，可以起到遏制政府采购寻租的作用，而一个适宜制度必定是有成效的。制度执行力是采购效用的前提，并决定制度成效，采购制度执行力的提高不可一蹴而就，需要明确具体问题，抓住重要矛盾和问题实质。既要治标，更要治本；既要重他律，更要重自律。而政府采购制度作用的充分发挥，需要制度能够贯彻和落实，实现其最大化的执行力度。截至 2013 年，我国政府采购出现低绩效和高寻租双重问题，重要原因是政府采购制度没有很好的贯彻执行。以此，解决绩效与预防寻租冲突问题，必须加强制度的执行力。

首先，增强政府采购制度执行力应强化制度执行意识，确保制度执行的自觉性。政府采购制度发挥作用，重在执行。由于我国市场经济不发达，以及浓厚传统意识的影响，人们尊重规则的意识还较为淡薄。一是国人面对制度和规则，不是严格要求自己遵循制度，而总是利用特殊条件优先实现自己的目的。二是国人对待规则一贯采用双重标准，对自己有利的制度遵守，对自己不利的就不遵守。因此，必须加大对采购相关人员的制度教育，强化制度意识，融入具体政府采购过程中。

其次，增强政府采购制度执行力可以从增强示范力着手，政府采购官员的示范，能够产生带头作用，具有鲜明的导向性。因此，政府采购制度执行力的提升，要坚持从领导抓起。单位领导应结合本单位工作的实际情况，认真学习政府采购各项规章制度，牢固树立遵守政府采购法律法规和各项规章制度的观点。领导应该尊重制度的权威，杜绝权力凌驾于制度之上，妨害制度的公正性，破坏制度的严肃性，削弱制度的执行力。充分发挥出领导的榜样作用，率先垂范，做到法律面前人人平等，制度面前没有特权，政府采购严格按照程序的优良习惯。

再次，政府采购制度的贯彻落实更需要一定物质条件的支持。提高绩效，惩治寻租，政府采购制度的有效落实，需要国家给予充分的财政支持，给予政府采购人员基本的生活保障和物质激励，从而从物质上打消其寻租的念头。实现多元化的物质激励机制，充分调动公职人员的积极性和主动性，实现权力的最优分配和使用。

最后，政府采购制度执行力的增强重点在于增强制度的监督力。没有监督的政府采购制度是无效的制度，执行力更是无从谈起。强化监督意识，监督重要部门的职责执行是否到位，履行是否尽职尽责，政府采购相关政策及规章制度制定的是否全面等，增强制度执行的威信力度。把政府采购制度执行情况作为考核干部和单位评先评优的重要依据，对于随意变通、肆意规避政府采购等行为，坚决追究直接责任人和有关领导的责任，根除滋生政府采购寻租蔓延的一切土壤和基础。

四、推行电子化政府采购提高绩效与遏制寻租

截至 2013 年，要做到政府采购提高绩效与预防寻租二者兼顾，电子化采购是最好的道路。随着电子科学技术、互联网载体以及电子政务平台在政府公共管理活动中的广泛的应用，极大提高了政府的绩效，它规范了政府采购行为，保证政府采购公正与效率。在政府采购领域，世界上许多国家也对现行政府采购制度进行了完善，增加了电子化政府采购的内容，以此来提高政府采购绩效和遏制寻租。

例如，建立一个由第三方建设并运营的政府采购网上商城。由企业搭台建设，政府唱戏，也就是说企业投资建设政府采购网上平台，政府通过花费租金租用网上一个站点。这样政府单位虽然只拥有一个独立站点，但是可以共享采购商城的信息。在功能上可以实现政府采购的全部程序，又可以对接社会化电商平台。同时，政府采购交易数据同步传送到政府采购监管部门，既能实现数据备份又能实施电子监管。政府采购网上商城找到了供应商、采购人、采购代理机构和采购监管部门等政府采购参与人的最大公约数，并通过互联网将它们紧密的结合。

因此，电子化政府采购势必成为未来政府的走向和趋势。它通过网络建立的交易平台完成采购，比起传统的采购方式，具有时间和空间上的优势。与传统政府采购模式相比，电子化政府采购模式具有很大的优势，打破了政府采购在时间上的差异和空间上的距离，构建了立体化的电子采购交易平台，使跨行业、跨地区的政府采购需求、供应商等信息能够被充分显示，增强了政府采购信息和实务操作的透明度，可大大节约政府采购交易时间和制度运行费用，不仅可以提高政府采购目标实现

的效率，还可以为更多的供应商提供投标机会，使得政府采购市场上的竞争更加透明公开，抑制政府采购领域寻租行为的发生。从一些推行电子化政府采购的国家来看，不但政府采购制度效率有明显的提高，而且加强了对政府采购过程的监管。截至 2013 年，我国部分地区也正在进行电子化政府采购模式的探索，并已经显示出了其较强的优越性。因此，对于适合电子采购的政府采购项目，我们要充分及时地利用现代化科技成果，积极推行电子化政府采购模式，以适应新时期政府采购工作的实际需要。

全书总结与研究展望

一、全书总结

通过全书的分析，不难看出，我国政府采购制度提高绩效与预防寻租目标存在冲突，政府采购存在绩效偏低和寻租现象并存的问题，已严重影响我国政府采购制度作用的发挥。关系到政府对经济社会宏观调控的政策工具的选择和公共支出的政策功能能否实现。作为一项政府支出活动，有必要加强管理，保证该项制度的健康运行，使其符合公共利益的价值目标。

本书在选题上提出了政府采购制度绩效与预防寻租冲突问题，拓宽了政府采购制度问题的研究视角，一定程度上填补了国内理论界在政府采购制度绩效与寻租研究上的盲区，有助于推动理论界对政府采购制度绩效与寻租问题研究的重视，为政府采购实践活动提供更多、更为迫切需要填补的理论指导，以解决政府采购领域存在的诸多现实问题。在研究方法上，本书结合 2013 年前社会科学研究领域流行的计量分析方法对政府采购制度绩效与寻租问题进行了实证研究，并通过实地调研获取的案例对政府采购制度绩效与寻租存在的问题进行形象演示，拓宽了理论界对政府采购的研究手段，使得研究结论更加丰富有力，有助于深化对政府采购制度绩效与寻租问题重要性的认识。在研究路径上，本书根据政府采购制度功能的不同层面表现形式，将政府采购制度绩效划分为微观经济绩效三类、宏观调控绩效和政策功能绩效，极大地丰富了政府采购制度绩效与寻租研究的内涵，有助于对政府采购制度绩效与寻租问题的全方位认识。在研究结论上，一是认为我国政府采购制度提高绩效与预防寻租目标相冲突。主要是由于我国市场经济不完善、市场化滞后于政府采购的发展、政府与市场界限模糊、政府官员权力凌驾于制度之上，使政府采购制度遏制寻租的功能没有有效发挥，反而在寻租的影响下出现政府采购绩效较低的情况。二是发挥政府采购制度提高绩效和预防寻租功能应当综合权衡、合理取舍。截至 2013 年，在我国现有资源的条件下，政府采购制度主要功能应该重点放在提高采购绩效方面，而对于预防寻租方面不能赋予太高的要求，把预防寻租的功能与其他预防寻租制度结合起来。实地调研案例也显示政府采购制度绩效偏低与寻租问题依然很明显，寻租是政府采购制度绩效偏低的根源。研究结论有助于把握政府采购寻租与绩效问题的关键和焦点。在政策建议上，本书从政府采购制度绩效、寻租以及寻租对绩效影响多角度提出了相应的观点主张，既有在已有成果基础上的总结升华，也有创新性观点的提出，有助于为政府采购管理部门以及实务部门的政府采购实践操作提供一定的决策参考。

二、研究展望

当然，也正是由于理论界政府采购制度绩效与寻租问题研究成果还不多，使得著者在本选题的研究过程中缺乏更多的研究借鉴，比如政府采购制度绩效内涵如何界定，理论界对此研究还非常薄弱，故本书所界定的概念及内涵可能存在商榷之处。在对政府采购的管理上，因我国存在财政部门和发改委交叉管理的格局，导致我国政府采购实际发生规模缺乏一个统一的口径，著者在本书中用相关变量进行替代可能会影响实证结论的精确性。在对《政府采购法》相关采购目标的问题上，本书也提出了一些不同的认识，可能存在一定的争议和探讨之处。

但是，著者认为面对政府采购制度绩效低与寻租并存这样一个未被高度重视的研究命题，在开拓性的研究工作中存在争议和商榷之处无疑有利于唤起理论界和实务界对该问题的重视，在思想的碰撞和交流中可以进一步深化研究，有助于我国政府采购制度的不断完善和优化。

著者在本书研究过程中遇到的困惑和困难也正是进一步努力的方向！

参考文献

［1］刘汉屏，李安泽. 政府采购理论与政策研究［M］. 北京：中国财政经济出版社，2004.

［2］刘京焕，陈志勇，李景友. 财政学原理［M］. 北京：中国财政经济出版社，2005.

［3］刘小川，唐东会. 中国政府采购政策研究［M］. 北京：人民出版社，2009.

［4］卢现祥. 寻租经济学导论［M］. 北京：中国财政经济出版社，2000.

［5］余建英，何旭宏. 数据统计分析与SPSS应用［M］. 北京：人民邮电出版社，2003.

［6］马海涛，姜爱华. 政府采购管理［M］. 北京：北京大学出版社，2008.

［7］倪星. 中国地方政府绩效评估创新研究［M］. 北京：人民出版社，2013.

［8］曹富国，何景成. 政府采购管理国际规范与实务［M］. 北京：企业管理出版社，1998

［9］冯秀华. 公共支出［M］. 北京：中国财政经济出版社，2000.

［10］李占风. 经济计量学［M］. 北京：中国统计出版社，2010.

[11] 娄峥嵘. 我国公共服务财政支出效率研究 [M]. 北京: 中国社会科学出版社, 2011.

[12] (美) 利奥尼德·赫维茨, (美) 斯坦利·瑞特. 经济机制设计 [M]. 田国强, 译. 上海: 格致出版社, 2009.

[13] (美) 康芒斯. 制度经济学 (上下) [M]. 于树生, 译. 北京: 商务印书馆, 1962.

[14] (美) 理查德·A. 马斯格雷夫. 比较财政分析 [M]. 董勤发, 译. 上海: 上海人民出版社, 1996.

[15] 曹润林. 论政府采购促进幼稚产业的发展 [J]. 中南财经政法大学学报, 2012 (05): 45 - 49.

[16] 丁长远. 规范采购人行为的对策措施 [J]. 中国政府采购, 2009 (02): 41 - 42.

[17] 范红晖. 政府采购操作中容易滋生腐败的五个环节 [J]. 中国政府采购, 2009 (11): 38 - 40.

[18] 侯传华. 政府采购中多方博弈的信息问题 [J]. 中国政府采购, 2005 (02): 10 - 11.

[19] 侯梦军. 发挥政府采购政策功能 促进经济社会健康发展 [J]. 西部财会, 2011 (01): 70 - 73.

[20] 胡鞍钢, 过勇. 公务员腐败成本——收益的经济学分析 [J]. 纪检与监察, 2003 (08): 13 - 16.

[21] 黄明锦. 构建广西政府采购政策功能制度体系初探 [J]. 经济研究参考, 2008 (47): 43 - 48.

[22] 姜达洋, 张宏武. 现代西方经济学界关于产业政策的有效性的讨论 [J]. 经济经纬, 2009 (01): 30 - 33.

[23] 姜玉英, 刘强. 我国单位 GDP 能耗变化走势的实证分析 [J]. 生产力研究, 2012 (02): 138 - 139.

[24] 蒋红芸, 殷佳雪. 对 360 度绩效评估法评价政府采购绩效的

思考 [J]．会计之友，2010 (16)：19－20．

[25] 焦洪宝．基于中国国情的政府采购范围界定再思考 [J]．中国政府采购，2012 (04)：68－70．

[26] 兰相洁．政府采购模式的现实比较与路径优化 [J]．改革，2012 (03)：155－159．

[27] 李红权，张春宇．政府采购的寻租风险及其防控 [J]．理论探讨，2010 (04)：84－87．

[28] 李艳秀．提升政府采购预算管理水平 [J]．中国财政，2013 (15)：77－77．

[29] 林翰文，林火平．完善我国政府采购法律制度的思考 [J]．江西社会科学，2010 (07)：191－195．

[30] 刘军民．调整和扩展政府采购的基本原则 [J]．经济研究参考，2013 (06)：17－18．

[31] 刘清恩，赵树宽．浅谈政府采购的十大政策功能 [J]．经济研究参考，2006 (88)：29－33．

[32] 刘小川．构建政府采购的反腐败监督链制度 [J]．理论探讨，2007 (02)：6－8．

[33] 卢现祥．论我国市场化的"质"——我国市场化进程的制度经济学思考 [J]．财贸经济，2001 (10)：26－30．

[34] 裴育．政府采购的资源配置效应分析 [J]．财政研究，2002 (08)：14－18．

[35] 彭国甫．地方政府绩效评估程序的制度安排 [J]．求索，2004 (10)：63－65．

[36] 李晓岚．政府绿色采购绩效评价的国外借鉴 [J]．经济师，2014 (05)：96－97．

[37] 孙群力．财政分权对政府规模影响的实证研究 [J]．财政研究，2008 (07)：33－36．

［38］王金秀，汪博兴，吴胜泽．论中国政府采购的政策功能及其实施途径［J］．中国政府采购，2006（02）：18－24．

［39］王连山，纪玉哲．规范和推进政府投资项目代建制若干问题的探讨［J］．财政研究，2008（01）：33－35．

［40］王晓红，张宝生，潘志刚．我国政府采购绩效评价指标体系的构建［J］．中国政府采购，2010（03）：75－77．

［41］吴宏伟，吴长军．社会公共利益视角下政府采购国货优先政策的完善进路探析［J］．法治研究，2010（09）：9－13．

［42］杨灿明，孙群力．中国各地区隐性经济的规模，原因和影响［J］．经济研究，2010（04）：93－106．

［43］张晏，龚六堂．分税制改革、财政分权与中国经济增长［J］．经济学（季刊），2005，（01）：75－108．

［44］张素琴．政府采购绩效评估的PDCA循环模型研究［J］．山西财经大学学报，2010（S1）：14－15．

［45］周猛．政府采购绩效评价体系的建立与完善［J］．财政监督，2012（30）：24－26．

［46］周黎安，陶婧．政府规模，市场化与地区腐败问题研究［J］．经济研究，2009（01）：57－69．

［47］AFONSO A，FERNANDES S. Assessing and explaining the relative efficiency of local government［J］. *Journal of Behavioral and Experimental Economics（formerly The Journal of Socio - Economics）*，2008，37（05）：1946－1979．

［48］ALIPRANTI M，MILLIOU C，PETRAKIS E. Price vs. quantity competition in a vertically related market［J］. *Economics Letters*，2014，124（01）：122－126．

［49］ASCHHOFF B，SOFKA W. Innovation on Demand：Can Public Procurement Drive Market Success of Innovations［J］. *Research Policy*，

2009，38（08）：1235 – 1247.

［50］BRYSONP J. "State administration" vs. self – government in the Slovak and Czech Republics ［J］. *Communist and Post – Communist Studies*, 2008，41（03）：339 – 358.

［51］BURGUET, ROBERTO, CHE Y K. Competitive Procurement with Corruption ［J］. *The RAND Journal of Economics*，2004，35（01）：50 – 68.

［52］COMPTE O, LAMBERT – MOGILIANSKY A, VERDIER T. Corruption and Competition in Procurement Auctions ［J］. *RAND Journal of Economics*，2005，36（01）：1 – 15.

［53］DEMESSIE D. A model of trade restrictiveness index：Its application and implications in public procurement ［J］. *Journal of Public Procurement*，2012，12（02）：189 – 220.

［54］OSEI – TUTU E, BADU E, OWUSU – MANU D. Exploring corruption practices in public procurement of infrastructural projects in Ghana ［J］. *International Journal of Managing Projects in Business*，2010，3（02）：236 – 256.

［55］FISMAN R, GATTI R. Decentralization and corruption：evidence across countries ［J］. *Policy Research Working Paper Series*，2000，83（03）：325 – 345.

［56］GEE S, UYARRA E. A role for public procurement in system innovation：the transformation of the Greater Manchester（UK）waste system ［J］. *Technology analysis & strategic management*，2013，25（10）：1175 – 1188.

［57］GLAESER E L, PORTA R L, SHLEIFER L. Do Institutions Cause Growth? ［J］. *Journal of Economic Growth*，2004，9（03）：271 – 303.

[58] GREENE W. Distinguishing between heterogeneity and inefficiency: stochastic frontier analysis of the World Health Organization's panel data on national health care systems [J]. *Social Science Electronic Publishing*, 2010, 13 (10): 959.

[59] GROSSMAN P J, MAVROS P, WASSMER R W. Public Sector Technical Inefficiency in Large U. S. Cities [J]. *Journal of Urban Economics*, 1999, 46 (02): 278 – 299.

[60] NTAYI J M, NGOBOKA P, KAKOOZA C S. Moral Schemas and Corruption in Ugandan Public Procurement [J]. *Journal of Business Ethics*, 2013, 112 (03): 417 – 436.

[61] PALMUJOKI A, PARIKKA – ALHOIA K, EKROOS A. Green Public Procurement: Analysis on the Use of Environmental Criteria in Contracts [J]. *Review of European Community and International Environmental Law*, 2010, 19 (02): 250 – 262.

[62] BIETERGEN M G, BLOK K. Assessing the potential impact of the CO2 Performance Ladder on the reduction of carbon dioxide emissions in the Netherlands [J]. *Journal of Cleaner Production*, 2013, 52: 33 – 45.

[63] VINING A R, BOARDMAN A E. Ownership versus competition: Efficiency in public enterprise [J]. *Public Choice*, 1992, 73 (02): 205 – 239.

[64] WEDER R B. Bureaucratic corruption and the rate of temptation: do wages in the civil service affect corruption, and by how much? [J]. *Journal of Development Economics*, 2001, 65 (02): 307 – 331.

后 记

在本书即将出版之际，《政府采购法》修订草案还处在向社会公开征求意见过程中。《政府采购法》修订草案第三条规定政府采购原则是"公开透明、公平竞争、公正、诚信和讲求绩效"。相比现行《政府采购法》，修订草案增设了"讲求绩效"作为政府采购原则之一。《政府采购法》修订草案第十二条增设了绩效管理的规定，要求预算部门和单位应当落实全过程绩效管理要求，根据部门预算绩效目标合理确定采购需求、采购计划和采购合同，提升财政支出绩效水平。新的政府采购法颁布将会有助于提高政府采购制度绩效。

本书是在博士论文基础上修订完成，在读博期间和论文写作过程中，恩师卢现祥教授给予我悉心的指导。卢老师是我国新制度经济学界大师级人物，他不但有渊博精深的学识水平、严谨朴素的学术态度、创造性的学术思维，还具有友善、豁达的胸怀、乐于助人的品德和修养。作为卢老师的弟子，我感到万分荣幸，我为自己能进入"豪门"而欣喜，但欣喜之余也惴惴不安。因为本人天生愚钝、悟性较差，加上经济学基础不够扎实，常常不能很好地领会恩师教导，也拿不出像样的成果，有愧于恩师的厚爱。然而，恩师仍然对我不离不弃并手把手指导。恩师为论文的选题、构思，尤其是最终的完成倾注了大量心血。在论文的写作过程中，恩师耐心地逐字逐句，甚至连同标点符号都一一进行修

226

改。恩师无私的胸怀、严谨治学的态度，使我终身受益。

由于我多年从事政府采购相关工作，很想把经济学理论和政府采购结合起来，对政府采购制度绩效与寻租问题进行研究。而我只是一个实践者，日常工作中虽然有些思考，但还不成体系，写成十多万字的博士论文，怕是要贻笑大方。但是我的写作想法得到恩师的理解和支持，鼓舞了我探索的勇气。在厚厚的论文当中，更多凝结着恩师的心血。我再一次由衷地感谢恩师在我完成学业时给予的指导，以及在我生活中给予的大力帮助！

感谢经济学院副院长罗良文教授对我学习上的教诲和生活上无私的帮助，我将铭记于心。感谢经济学院廖涵教授、胡雪萍教授、项本武教授提出的许多宝贵意见，为论文完成奠定了良好的基础，你们深厚的学术研究造诣、严谨的学风、大家的风范，使我开阔了视野，启迪了思想，获益良多。

感谢大学同学，中南民族大学刘家悦副教授在论文写作中给予我许多建设性的建议，同学之情令我感动。感谢同学楚晓光、罗飞、齐峰博士；感谢师弟谢靖、项新宇；感谢师妹尹玉琳、余萍。你们在我学习和写作期间给予了无私的支持和帮助。

感谢单位的领导和同事们，你们的理解和支持让我有机会静下心来，在梳理工作和学习中进行思考，享受与他人思想碰撞的乐趣，度过这样一段难忘的时光。

此外，特别感谢为我日夜操劳的父母；贤惠、睿智的妻子。你们一直以来对我的无私支持和付出，让我充满信心地面对各种挑战，这些关爱，是我顺利完成学业、一路走到今天源源不竭的动力。

行文中借鉴了一些专家学者的结论和观点，这些成果给予我很大的启发，在此一并表示感谢！

张 峰

2021 年 8 月 8 日